Claus Koch
Meinungsführer
Rotbuch Taschenbuch 4

Claus Koch

Meinungsführer

Die Intelligenzblätter der Deutschen

Rotbuch Verlag

1. Auflage 1989

Umschlaggestaltung: Gabriele Götz
Gesamtherstellung: Wagner GmbH, Nördlingen
Printed in Germany.
ISBN 3 88022 014 X

Inhalt

Streiflicht

Wer in der Bundesrepublik die Meinungen führt, das ist zu Ende der achtziger Jahre schwerer auszumachen als jemals in den vier Jahrzehnten davor. In einer lange Zeit stabilen, in ihren Institutionen fest eingehegten Republik wäre der Ort der Meinungsführerschaft üblicherweise in den Eliten zu suchen. Die aber sind in dieser Wohlfahrtsdemokratie so verschliffen und markierungslos, daß die von Zeit zu Zeit aufgewärmte Debatte über Notwendigkeit und Chance des Elitewesens immer wieder schnell an Langeweile einschläft. Es fallen einem dabei eben kaum Leute in den herrschenden Personalstäben ein, die Verallgemeinerungen und irgend ergiebige Zuschreibungen zu einer Elite erlaubten. Und über Elite und Meinungsführung läßt sich nun einmal schlecht reden, wo man sie nicht an auffallenden Personen benennen kann.

Am wenigsten für ein Elitebild gibt gerade jene Gruppe her, auf die man zuerst schaut, die politische Klasse. Der Übergang der Kanzlerschaft von einem Sozialdemokraten, der wie keiner seiner Vorgänger elitistische Standards verkörpern wollte, auf einen Nur-Vertreter, der sich noch nicht einmal als konservativ bezeichnen läßt, weil ihm auch der leiseste Anflug von Elite ermangelt, hat das nur demonstriert. Übrigens waren in alle sozialdemokratisch geführten Regierungen weit mehr Elite-Charaktere eingesprenkelt als in die durchaus elitefreien Kabinette Kohls. Wer Meinung führen, also durch eigene Meinung herausragen könnte, paßt dort nicht hinein. Der Kampfgeist des neokonservativen Fortschritts, der dieser Ära gerne unterstellt wird, fand jedenfalls keine entsprechenden Elite-Darsteller. Und wenn man sich in den regierungsbefreundeten Milieus umsieht, so ist dort auch nichts Bemerkenswertes zu finden.

Wenn Meinungsführung sich darin beweist, Tendenzen, Gärungen, Driften auf Begriffe zu bringen, die als politische Kampfformeln Anhänger integrieren und Gegner zusammentreiben lassen, dann ist die politische Klasse nicht sehr schöpferisch. ›Die neue soziale Frage‹ (Copyright Geißler) und ›Zweidrittelgesellschaft‹ (Copyright Glotz) gehörten zu den wenigen schlagkräftigen Prägungen, mit denen Angehörige der politischen Klasse während der letzten Jahrzehnte parteiliche Scheidungen herstellten oder durch Festnagelung des Gegners die eigene Position bestimmten. Aber das sind Ausnahmen. Der neuen Schlauheit, daß es auf semantische Besetzungen des Meinungsterrains ankomme, steht die Unfähigkeit entgegen, eben dies zu tun.

Daß Meinungsführung als Mittel wie als Zweck des Politischen in der wohlfahrtsstaatlichen Demokratie prinzipiell überholt ist, zeigt sich dort, wo sie nach dem Lehrbuch am entschiedensten hervortreten müßte, in den Wahlkämpfen. Diese zeichnen sich vielmehr dadurch aus, daß alle Parteien sich anstrengen, eine Meinungsführung der eigenen Leute nicht aufkommen zu lassen. Das könnte das Publikum irritieren und die Organisation überanstrengen. Meinungsführung setzt ja eine Partei dem möglichen Mißverständnis aus, in überzeugenden Formeln sei ein konsistentes politisches Programm enthalten.

Nach irgend verpflichtenden, weil klaren Parteiprogrammen aber verlangen die Bürger der Wohlstandsdemokratien, vernünftigerweise, nur in ernsten Krisenzeiten. Durch entschiedene Meinungsführung und das, was neudeutsch ›politisches Konzept‹ heißt, die Krise zu suggerieren, ist daher zu Normalzeiten äußerst untunlich. Die immer wieder nachwachsende Linke braucht jeweils einige Zeit, bis sie gelernt hat, wie riskant eine Meinungsführung ist. Das Publikum wittert nämlich bald, daß dabei gerne mit Krisenprognosen hantiert wird. Und das ist, entgegen aller Krisenseligkeit im Meinungsalltag, von politischen Parteien nicht erwünscht.

Ist dieser Sachverhalt schon anrüchig, so darf er doch in der wohlfahrtsdemokratischen Öffentlichkeit nicht zugegeben werden. Daß sie von den Parteien maßstabsetzende Programme und den Anspruch auf politische Meinungsführung nachdrücklich einfordert, verlangen jedenfalls die Leser von der Intelligenzpresse. Kein Intelligenzblatt könnte es sich leisten, die Realverfassung und die Existenzbedingungen des Parteienstaates einfach anzuerkennen: Daß es jeder Erfahrung, jeder Erwartung widerspricht und auch der praktischen Vernunft nichts nützt, ausgerechnet die Parteien ob ihrer Profil- und Meinungslosigkeit anzuklagen, sie nach verpflichtenden Überzeugungen abzufragen. Was das politische Personal nach allgemeiner Einsicht nicht leisten kann, nämlich realitätsgerechte, konsistente und herrschfähige Meinung aufzubringen, soll doch das Intelligenzblatt ihm ständig abfordern –

und auf diese Weise sich selber das politische Profil verleihen, das die Leser zu ihrer Orientierung brauchen. Wenn der politische Meinungskampf schon im Ernst nicht stattfindet, soll er doch gut simuliert werden, und das ist hauptsächlich Aufgabe der Intelligenzpresse.

Daß der Leser des Intelligenzblatts auf die Simulation von politischem Konflikt abonniert ist, bezeichnet seine zwitterhafte Moral. An dieser Komplizenschaft liegt es wohl auch, daß er gerade die Meinungsjournalisten so gering einschätzt. Diese Geringschätzung ändert nichts daran, daß die deutschen Intelligenzen ihre Presse ernster nehmen, als dies etwa in England oder Frankreich der Fall ist. Andererseits repräsentieren die deutschen Intelligenzblätter auch deutlicher ihre Leserschaften, was die Geltung politischer Meinung und die kulturellen Ansprüche angeht. Soll es da verwundern oder nicht, daß, im Prinzip nicht anders als bei BILD, auch die Leser der Intelligenzblätter ihre Zeitung in der Regel nicht auf Distanz und als ganze betrachten, kaum je das Impressum ansehen und auch auf die Namen der wichtigsten Leitartikler selten achten?

Ob die Intelligenzpresse die öffentlichen Meinungen führt und prägt oder ob sie nur Meinungsmilieus vertritt und für sie die von den elektronischen Medien vorgesetzten Aktualitäten vertieft und nacharbeitet, läßt sich umso schwerer entscheiden, als sich in dieser Zeitungslandschaft seit langem wenig bewegt. Die Intelligenzblätter, die ihre Marktanteile ziemlich fest halten, lassen ihre Leser in Ruhe. Sie lösen keine beunruhigenden Diskussionen aus, führen keine Feldzüge, setzen keine neuen Prioritäten – und tun im übrigen so, als ob fürs Politische alles in allem der Politikbetrieb (mit der festen Unterstützung der Justiz) doch genüge. Daß sich in der Intelligenzpresse seit Jahrzehnten keine bemerkenswerten Innovationen vollzogen haben, daß sich die Formen und die Formeln, in denen sie Meinung angeblich führen, so wenig gewandelt haben, drückt schließlich die Ansprüche des Intelligenzpublikums, der Surrogat-Eliten aus.

In die hier vorgeführten Zeitungsportraits sind daher auch die politischen Charaktere ihrer Leserschaften hineingedacht. Jede Physiognomik braucht Überzeichnungen: Die FAZ auf der unbeirrten Suche nach dem verlorenen Staat, das ewige deutsche Rechthaben gegen die Wirklichkeit, dem die verspätete Anpassung immer wieder skrupellos gelingt; DIE ZEIT mit ihrem autoritären Liberalismus, der hinter ihrer Besorgtheit um dezenten Fortschritt und der Pflege der luxurierenden Moralexpansion der upper middle class liegt; *Der Spiegel*, der die ständige Angst der mittleren und der Kleinintelligenz vor dem sozialen Abstieg schürt und sie zugleich, in Zynismus einseifend, stillstellt; die *taz*, die eine neue Lumpenintelligenz zwischen flacher Lust an der Anarchie und dem Streben in die verhaßte rettende Ordnung der Institutionen hin- und herschaukelt.

Da es hier um Typisierung geht und weniger ein Panorama herauskommen sollte als ein analytisches Pamphlet, sind einige vernachlässigt worden: Die *Süddeutsche Zeitung* in ihrer lethargischen Liberalität, die, in ihrem Urteil unbefangener als alle anderen, sich doch allzusehr als Lokalblatt selbst genießt und nichts mehr scheut als die großen Denk- und Sprachaufschwünge; die *Frankfurter Rundschau*, publizistisch der ewige underdog auf der konturlosen Linken, der einen wegen seines Eifers immer wieder rührt, auch wenn man die Stimmungslage der Reportagen und die Satzfolge der Kommentare im voraus weiß (als Intelligenzblatt wird die FR, wie sich ihre Leser entschuldigen, wegen ihrer unentbehrlichen Dokumentationsseite gehalten); DIE WELT, die wohl nach wie vor einen Meinungssektor des Intelligenzpublikums bezeichnet, nur fällt niemandem seit ihrer Wegbewegung vom reinen Springer-Geist und dem Verschwinden der »Tüttelchen« irgend etwas dazu ein.

Würden die vorstehenden und noch einige mehr hier ausführlicher behandelt, so würde vielleicht noch deutlicher hervortreten, was man ganz vermissen muß: ein wahrhaft konservatives Intelligenzblatt, das durch Wirklichkeits- und Herrschaftsinstinkt gegen Rechts gefeit ist, vielleicht so: 40% *Neue Zürcher Zeitung,* 30% *Wall Street Journal,* 30% *Le Figaro* oder *London Times*, aber jeweils von 1950. Kurz, ein Intelligenzblatt, das sich linke Leser halten müßten. Schon das bloße Spekulieren zeigt, daß es nicht möglich ist, weil es den dazu gebrauchten konservativen Humus nicht gibt, spätestens seit 1933.

Wenn sich das konservative Intelligenzblatt reinen Wassers nur die Romantiker einer intakten bürgerlichen Öffentlichkeit noch herbeiwünschen können, ist die Besetzung einer anderen Leerstelle immerhin denkbar: Eine politische Zeitung für den Fortschritt, die gegen oder zwischen die Rubriken des wohlfahrtsstaatlichen Korporatismus und gegen den Defaitismus der vor kulturellem Abstieg bangenden Bildungsschichten geschrieben wäre. Sich dafür aus vorhandenen Modellen einen deutschen Wunschmix zusammenzubrauen, fällt zwar schwerer als beim Blatt des verlorenen Konservatismus, doch weiß jeder aufmerksame Leser eines der alten Intelligenzblätter, was und wieviel ihm darin fehlt.

Ja, ziemlich alt sind sie alle, die Intelligenzblätter, sogar die *taz*. Damit gerät das Gruppenbild zur Rückschau. Es wäre ihr nicht zu wünschen, daß sie langen Bestand hat. Doch die Chance, daß sie bald überholt sein wird, sind leider gering.

Innerlich und machtgestützt: Die Frankfurter Zeitung für Deutsche

Wer die Bundesrepublik Deutschland verstehen will, muß die *Frankfurter Allgemeine* lesen. Was immer das sei, die Identität dieses Institutionengebäudes Bundesrepublik und seiner Einwohner: um ihr auf die Spur zu kommen, muß man die *Frankfurter Allgemeine* lesen, von Tag zu Tag. Wer sie nicht lesen will, etwa weil er sich den täglichen Adrenalinstoß ersparen möchte, kann sich kaum zur sprachführenden Intelligenz rechnen, gewiß nicht zur politischen. Das bedeutet, daß die *Frankfurter Allgemeine* auch die mit ihr Unzufriedenen, die an ihr Leidenden, ihre Kritiker und ihre Gegner dazu gebracht hat, sie regelmäßig zur Kenntnis zu nehmen.

Für jene, die das nur zähneknirschend zugeben können, gibt es immerhin eine allgemein akzeptierte Entschuldigung: das Feuilleton. Das ändert nichts an der Sache. Auch sie müssen die gesamte *Frankfurter Allgemeine* ertragen, sind ungeteilt ihre Leser.

Wer die *Frankfurter Allgemeine* täglich liest und mit ihr übereinstimmt, der wird die Bundesrepublik nicht verstehen können – und die übrige Welt nicht sehr gut. Wer sich als ein deutscher Leser mit der deutschesten aller Zeitungen identifiziert, der wird das sehr deutsche an der Bundesrepublik nicht wahrnehmen können: ihre Nicht-Identität. Das Gemeinwesen Bundesrepublik hat manche Tugenden und viele Annehmlichkeiten, und es ist nicht die schlechteste Demokratie. Aber eines ist die Bundesrepublik nicht, ein Staat aus eigener Kraft. Es fehlt ihr an legitimer Staatlichkeit. Dieser Geburtsfehler hat sich in vierzig Jahren nicht verwachsen, auch weitere vierzig Jahre werden daran nichts ändern. Dieses Nicht-Vorhandene, das die meisten Bewohner der Bundesrepublik schon nicht mehr vermissen, weil sie deutsche und sehr moderne Europäer sind, die *Frankfurter Allgemeine* repräsentiert es in fester Überzeugung und bis zur letzten Zeile.

Die *Frankfurter Allgemeine* drückt einen spezifisch deutschen und spezifisch bundesrepublikanischen Mangel nicht nur aus, sie verkörpert ihn. Sie ist selber ein deutsches Defizit. Es ist um so gewichtiger, als der Anspruch der *Frankfurter Allgemeinen,* die Bundesrepublik zu repräsentieren, von niemandem bestritten wird. Weil sie mehr Bundesrepublik ist als deren repräsentativen Organe, etwa der Bundespräsident oder die Bundeswehr, gehört sie wenn nicht zu den mächtigsten, so doch wichtigsten Organen der Republik, also nicht einfach: im Land. Ließe sich das Frankfurter Organ überhaupt mit anderen Zeitungen oder Medien vergleichen, mit BILD, mit dem *Spiegel* oder dem STERN so könnte man sagen: Sie ist wichtiger und stärker als jede von ihnen.

Doch die *Frankfurter Allgemeine* läßt sich nicht neben andere Druckerzeugnisse stellen, sie ist eine Institution eigener Art. Der *Spiegel*, die *Süddeutsche,* die Blätter der Springer-Presse, sie mögen Einfluß haben, auf die Massen und auf die Eliten wirken, sie sind doch nur Zeitungen unter anderen Zeitungen. Die Macht der *Frankfurter Allgemeinen* besteht gewiß auch in ihrem Einfluß, doch sie geht darüber hinaus. Wer den Substanzmangel, die Uneigentlichkeit der zweiten deutschen Republik so unvergleichbar und so unbeirrbar darstellen und vertreten kann, der muß ein Stück von ihrem Wesen, muß ganz Fleisch von ihrem Fleische sein. Wenn die beiden so sehr zusammengehören, dann müßte sich zu jeweiligen Zeiten Kennzeichnendes über Land und Staat an der Zeitung ablesen, nicht nur in ihr lesen lassen. Es könnte freilich auch sein, daß die Fassade der Zusammengehörigkeit noch in beständigem Glanz erstrahlt, während dahinter längst nicht mehr alles beim Alten ist. Dann wäre etwas faul bei der Repräsentanz wie beim Repräsentierten. Oder aber auch: Es hätten sich die Formeln der Macht geändert. Was der Bundesrepublik die *Frankfurter Allgemeine,* die sie repräsentiert, bedeutet, das aufzuspüren und zu beschreiben würde viel verlangen – und es ist deswegen auch noch nicht versucht worden. Es würde verlangen, die Formen der Herrschaft und die herrschenden Eliten in diesem Staat zu kennen, ihre Art sich zu verständigen und sich selbst darzustellen, die Beschaffung ihrer Information und ihre Orientierung über die Welt, ihre Kenntnis der bundesrepublikanischen Gesellschaft und die Beschaffenheit ihrer Moral. Dies alles geschieht ja durch die und in der *Frankfurter Allgemeinen.* Natürlich nur zu einem bestimmten, vor allem dem repräsentativen Teil – und das heißt eben, daß es an einer genaueren Kenntnis fehlt. Soweit ihre Bewohner über die Bundesrepublik in Unkenntnis sind, hat die *Frankfurter Allgemeine* an dieser Unkenntnis ihren Anteil.

Den ersten und bis heute ergiebigsten Versuch, das Wesen der *Frankfurter Allgemeinen* zu ergründen, hat Hans Magnus Enzensberger im Jahr 1962 gemacht. Er überschrieb seine Diatribe: *Journalismus als Eiertanz*. Sein Résumée: »Durch ihren Namen und in ihren Selbstanzeigen meldet diese Allgemeine Zeitung für Deutschland den Anspruch an, unser Land zu repräsentieren. Zu fürchten bleibt, daß dieser Anspruch nicht ganz aus der Luft gegriffen ist; ihn aber hinzunehmen und anzuerkennen, dazu reicht unser Pessimismus nicht aus.«

Als Enzensberger dies schrieb, war die *Frankfurter Allgemeine* ein rundes Dutzend Jahre alt, nur um Unerhebliches jünger als die Republik selber. Seitdem ist ein gutes Vierteljahrhundert vergangen. Wozu der Pessimismus des Kritikers damals nicht ausreichte, das hat sich reichlich erfüllt. Die *Frankfurter Allgemeine* ist nicht nur Repräsentantin der Bundesrepublik geblieben, sie ist es heute mehr als zur Zeit ihrer ersten großen Würdigung.

Enzensberger untersuchte vor allem Sprache und Informationsmethode der Zeitung. Sein Verdikt: »In der Tat läßt sich die Sprache der *Frankfurter Allgemeinen* als eine Sprache der Herrschaft am besten begreifen. Das erklärt ihre strukturelle Ähnlichkeit mit der Sklavensprache, als eine Umkehrung.«

Darüber hat man sich seinerzeit in Frankfurt ziemlich geärgert. Man konnte es sich aber auch nicht leisten, die Polemik zu ignorieren. Der Mitherausgeber und Feuilleton-Chef Karl Korn, der zuvor ebenso für die alte *Frankfurter Zeitung* wie für das NS-Intelligenzblatt DAS REICH gearbeitet hatte, sich nun aber wenigstens in seinem Ressort um Reinigung der Sprache verdient machte, mußte Enzensberger ins Eck der Linksintellektuellen mit dem schiefen Blick stellen. Korn war besonders betroffen über Enzensbergers Urteil: »So erklärt sich das Gefühl, das den kritischen Beobachter bei der Lektüre der *Frankfurter Allgemeinen Zeitung* zuweilen beschleicht; der Eindruck, als wäre, was sie veröffentlicht, unter Zensur geschrieben. Eine solche Zensur findet in der Tat statt, aber nicht von Amts wegen. Sie wird von der Öffentlichkeit ausgeübt. Wollte sich, was an der Herrschaft ist, unverhüllt äußern, so wäre mit ihrer Zustimmung nicht zu rechnen; Klartext, Fraktur, kann nicht, oder noch nicht gesprochen werden. Daher spricht sich in jenen Spalten Herrschaft doppelzüngig aus: zugleich anmaßend und subaltern, würdevoll und servil, ehrenfest und zynisch; daher der Eiertanz zwischen ›echten‹ und ›falschen‹ Rücksichten, das augurenhafte Blinzeln, die hochgezüchtete Technik der Heuchelei und das tägliche Versteckspiel mit der Wahrheit.«

Der heutige Leser und Kritiker der heutigen *Frankfurter Allgemeinen* wird zögern, Kennzeichnungen wie ›Sklavensprache‹ und ›Zensur‹ beizustimmen. Der Fall ist mittlerweile komplizierter geworden. Die Institution *Frankfurter Allgemeine* hat weitere fünfundzwanzig Jahre auf dem Buckel, hat eine Geschichte, und von den damals in ihr Schreibenden sind heute nur noch wenige ständig dort zu lesen. Eine andere Generation läßt mit der Zeitung die Republik repräsentieren, ihre Leserschichten sind neu durchmischt und zusammengesetzt.

Das wichtigste Ereignis für die Zeitung für Deutschland und ihren Anspruch auf deutsche Repräsentanz war sicherlich die de-facto-Lösung der deutschen Frage, war die Anerkennung der DDR, waren die Ost- und die Deutschlandverträge zu Beginn der 70er Jahre. Dadurch konnte das Kürzel DDR von den Anführungszeichen befreit werden, in denen es von der Zeitung gefangengehalten war, nachdem sie vorher sich nur unter Qualen von der Bezeichnung ›sowjetische Besatzungszone‹ hatte trennen können – längst nachdem der zweite deutsche Staat nicht mehr hinwegzuhoffende Tatsache geworden war.

Als Treuebewahrerin der Hallsteindoktrin und des bundesrepublikanischen Alleinvertretungsanspruchs für Deutschland hatte sich die *Frankfurter Allgemeine* von niemandem überbieten lassen wollen. Das hat sie denn auch spätestens seit der Ära Kennedy etwas alt aussehen lassen. Für ihre Abonnenten und Inserentenkreise in Industrie und Finanz war die Überzeugungsstarre der Zeitung seit den frühen sechziger Jahren allmählich lästig geworden. Wenn Enzensberger von Sklavensprache schrieb, so waren damit natürlich zuerst die Anführungszeichen um die DDR gemeint.

Stichworte für anderes, was sich seit 1962 geändert und zugleich die Überzeugungen der *Frankfurter Allgemeinen* betroffen hat:

– Mit Hilfe von Sozialdemokraten in einer Koalitionsregierung mußte die Rezession von 1966/67 bewältigt werden, unter hörbarem Beifall der deutschen Großwirtschaft. Und vor allem

Sozialdemokraten stärkten die Marktwirtschaft durch Stabilitäts- und Wachstumsgesetze.

- Es bedurfte der Sozialdemokraten, um mit jener anderen Koalition die Bundesrepublik aus ihrer verkrampften Selbstisolierung zu reißen, ebenfalls unter hörbarem Beifall der Wirtschaft.
- Das Parteienwesen und die politischen Ideologien in der Republik sind endgültig zu einem Einheitsbrei verschmolzen, ebenso die Wählerstrukturen, und Unterschiede müssen, vor allem zu Wahlkampfzwecken, mühsam inszeniert werden.
- Risikogesellschaft und undramatisch verlaufende Dauerkrise haben stark an allen großen Institutionen der politischen Daseinsvorsorge, den Institutionen des steuernden Wohlfahrtsstaates genagt.
- Seit den Jahren der außerparlamentarischen Opposition hat die deutsche Unruhe, der die repräsentative Demokratie der organisierten Interessen nicht gewachsen ist, in immer neuen Bewegungen ihr Ventil gefunden. Seit rund dreißig Jahren drückt das deutsche Bewegungswesen den Mangel an politischer Legitimität aus.
- Die erste Leser- und Machergeneration der *Frankfurter Allgemeinen,* also die Generation der Wiederaufbaumanager und zugleich der Dritte-Reich-Verdränger in Wirtschaft, Bürokratie und Justiz ist praktisch ausgestorben. Der Konservatismus der Eliten hat heute eine andere Grundlage als vor fünfundzwanzig Jahren.
- Masseninformation und politische Öffentlichkeit werden heute, anders als noch vor fünfundzwanzig Jahren, eindeutig vom elektronischen Medium, vom Fernsehen bestimmt. Damit ändert sich auch die Rolle der Meinungs- und Informationsorgane für die Eliten.

Soweit es bei diesen Entwicklungen um Politisches ging, um die Veränderung und Anpassung von Institutionen, waren sie fast alle vorhersehbar. Bereinigung in Mitteleuropa, Bestätigung der Grenzen und Errichtung einer stabilen Abschreckung unter alleiniger Federführung der Supermächte und niemals eine wirkliche Mitbestimmung der Bundesrepublik über Art und Einsatz der Atomrüstung – das war seit Ende der fünfziger Jahre ringsum im Westen unvermeidlich. Die Entwicklungen lagen auch zumeist im Interesse der wichtigsten Klientele der *Frankfurter Allgemeinen*.

Nicht viel anders ging es im Grunde mit der Stabilisierung der Marktwirtschaft durch eine aktive Konjunkturpolitik, überhaupt durch staatliche Großsteuerung. Gegen alle diese Entwicklungen hat sich die *Frankfurter Allgemeine* lange gesträubt, in den internationalen und den Sicherheitsfragen oft über den noch verstehbaren Zeitpunkt hinaus.

Die Zeitung hat sich gesträubt, obgleich auch ihr schließliches Nachgeben vorhersehbar gewesen war. Was aber bedeutet dieses Beharrungsvermögen, diese Starrheit gegen jede praktische Vernunft, auch gegen zentrale Interessen der Republik? Was verrät die Prinzipienfestigkeit über die Abhängigkeit oder Unabhängigkeit von starken Interessen der Wirtschaft, die sich dieses Organ doch hält? Die Unbeweglichkeit in den großen politischen Fragen ist ja auch etwas anderes als der selbstverständliche Kultur- und Milieukonservatismus der *Frankfurter Allgemeinen.* Denn natürlich verabscheute sie, ganz im Bunde mit allen ihren Inserenten, Studentenrevolte und Massenuniversität, permissive society und Pazifismus, Bewegungswesen jeglicher Art und Sozialstaatsmoral.

Wenn man die *Frankfurter Allgemeine* als eine konservative Zeitung bezeichnen will, gar als das große konservative Organ der Bundesrepublik für ihre Eliten, dann gibt sie als Informationsvermittler und Meinungsträger eine wichtige Auskunft. Sie gibt Auskunft nicht nur über den Geist und die Moral des Konservatismus in der Bundesrepublik, sondern auch über seinen Realitätssinn. Und da es um den Konservatismus der herrschenden Eliten geht, lautet die Frage mit anderen Worten: Was taugte und was taugt heute die *Frankfurter Allgemeine* für die Informationsbedürfnisse ebenso wie für die kulturellen und ideologischen Interessen der herrschenden Gruppen in Wirtschaft und Staat, die sich die Zeitung halten und in ihr inserieren – von der Bilanz- bis zur Todesanzeige? Wenn sich Amerikas Elite die *New York Times* und die *Washington Post* hält, Frankreichs Elite *Le Monde* (und heute zunehmend *Libération*), Großbritanniens Elite die *Times*, den *Economist* und die *Financial Times* (und heute auch den *Independent*), dann gibt das Aufschluß über den Geist, den Welthorizont und die Herrschaftsfähigkeit eben dieser Gruppen. Wie also spiegelt die *Frankfurter Allgemeine* die deutsche Elite?

Auf die Frage gibt es nur Teilantworten, Annäherungen, Zuspitzungen. Eine befriedigende Analyse wird es kaum geben können. Denn das hieße schon, die Bundesrepublik zur Hälfte zu verstehen. Wer aber hat daran ein Interesse, heute, da das Politische und das Öffentliche desto mehr durch die ideologische Rauchbrille betrachtet wird, je schneller es aus der Gesellschaft schwindet.

Jedenfalls nicht mehr befriedigen können Enzensbergers Urteile aus dem Jahr 1962, so oft man auch bei seinen Modellierungen des Frankfurter Phänomens ›gut getroffen‹ noch immer rufen möchte. Und eher in die Irre führten die allwöchentlichen Charakterisierungen, die Gerhard Zwerenz ein paar Monate lang montags in der Berliner *tageszeitung* unter der Rubrik ›Montags *taz* über Samstags-FAZ‹ lieferte, etwa der Art: »Die FAZ ist zwei Zeitungen in einer. Die erste vertritt Kapitalinteressen aerodynamisch modern. Die zweite ist offen deutschnational(-istisch), borniert imperial, völkisch und militaristisch.«

Das ist nichts anderes als Ohnmachtsbekundung und Selbstverstümmelung, das Ressentiment einer lumpenproletarischen Intelligenz. Damit wird die Institution *Frankfurter Allgemeine* geradezu in ihrer Übermacht bestätigt. Und die *taz*, in Frankfurt immerhin wegen ihres Spontaneismus respektiert, stellt sich selber dorthin, wo sie das Frankfurter Ressentiment gerne haben möchte. Aber es geht nicht nur um die *taz*. Sichtbar wird an Zwerenzens Kommentierung das ganze Elend einer Kritik an der *Frankfurter Allgemeinen,* ein Elend, das sich weit über alle linken Gazetten hinaus erstreckt. Denn es gibt keine ernsthafte, fundamentale und dauerhafte Kritik an der Zeitung für Deutschland. Es gibt Polemiken, Kleinkriege, Sticheleien jede Woche da und dort, aber wirklich aufnehmen mit ihr will oder kann es niemand in der Bundesrepublik.

Hans Magnus Enzensberger schrieb in seiner Analyse 1962: »Die führenden Zeitungen der Bundesrepublik nehmen ... voneinander keine Notiz: das kritische Gespräch beschränkt sich auf höfliche Zitate und versteckte Angriffe, bei denen der Gegner nicht beim Namen genannt wird. Eine Art von Stillhalte-Abkommen hat sich eingebürgert, das den Wettstreit der Zeitungen untereinander den Anzeigen-Akquisiteuren und Vertriebsfachleuten überläßt. Jede Redaktion vermeidet es, die Kreise der anderen zu stören ...«

Das hat sich in den Jahren seither ein wenig geändert, doch nicht um Entscheidendes. Die Tages- und Wochenzeitungen beobachten heute einander, freilich nicht zu genau und nicht aufs ganze gesehen: Am liebsten in ihren Glossen und Kurzkommentaren, am häufigsten in ihren Feuilletons und wenn es um Personal-, Eigentums- oder Machtfragen geht, gelegentlich auf der Reportagenseite. So gut wie nie behandeln sie einander in ihren Leitartikeln, greifen sie sich frontal an. Am ehesten aber tut das heute, nachdem sie sich das früher ebensowenig wie die anderen geleistet hatte, die *Frankfurter Allgemeine.* Das schuldet sie ihrem Wächteramt über die publizistischen Sitten, und meist sind es die Magazine wie *Spiegel* und STERN, die sie ins Visier nimmt – wenn es um Hitler-Tagebücher geht oder um den Fall Barschel zum Beispiel, der als Fall Pfeiffer deklariert bleiben sollte.

Natürlich, der *Spiegel*: Er beobachtet am ausführlichsten die übrige Pressewelt. Aber er kann sich seiner Natur nach, der Natur seiner kritischen Konturlosigkeit, anderen Zeitungen nicht stellen, um sich mit ihnen auseinanderzusetzen. Ohne festen Aggregatzustand, ist der *Spiegel* der Inbegriff eines Mediums und damit kein Gegner für eine Institution wie die *Frankfurter Allgemeine.* Täglich können ihre Leser es spüren, daß sie die Notwendigkeit verabscheut, unter anderem auch ein Medium sein zu müssen. Typisch dafür ist zum Beispiel ihre Art, Interviews wiederzugeben. Sie erscheinen nie in direkter Mitteilung des Frage- und Antwort-Spiels, sondern stets in indirekter Rede: Der Berater des Präsidenten hat dieser Zeitung zu verstehen gegeben... Nicht Redakteure der *Frankfurter Allgemeinen* befragen xyz, sondern die Institution in Frankfurt unterhält sich mit einer Institution da und dort – und teilt dann nebenbei das Ergebnis ihren Lesern mit.

In diesen schnelleren, vom Fernsehen geprägten Zeiten kann freilich die *Frankfurter Allgemeine* diese gouvernementale Haltung nicht mehr so konsequent durchhalten wie in früheren Jahrzehnten. Auch sie muß bisweilen den Bedürfnissen der demokratischen Anfaßkultur nachgeben. Das macht es ihr leichter, des öfteren andere Zeitungen wahrzunehmen, wie sie sich ja auch längst zur täglichen Fernsehkritik bequemen mußte. Ihre Kritik betreibt die *Frankfurter Allgemeine,* wie alle anderen, am liebsten im neckenden Plänkeltone, nur nicht zu verbindlich! Natürlich, wenn sie Fritz Raddatz schlachten kann, wetzt sie sich damit auch gerne an der ZEIT – ohne diese gerade nennen zu müssen. Und wenn sie sich auf eine große Polemik der *Neuen Zürcher* gegen literaturimperialistische Wahnfeldzüge von Reich-Ranicki einlassen muß, dann weiß man: Hier kämpft die einzig wahrhaft konservative Zeitung deutscher Sprache gegen die neudeutsch-pseudokonservative Aufsteigerin. Doch das sind Situationen, denen die *Frankfurter Allgemeine* in der Regel erfolgreich aus dem Wege gehen kann. Sie kann es, weil eben die anderen es sich nicht leisten oder es sich nicht trauen können, gegen sie anzutreten.

Die *Frankfurter Allgemeine* will also nicht einfach eine publizistische Organisation sein, ein Nachrichten- und Meinungsunternehmen, eine Medienfirma. Niemandem kommt ja auch die Idee, man könnte das Frankfurter Organ kaufen, wie man sogar die unantastbare Londoner *Times* kaufen konnte. Die *Frankfurter Allgemeine* will mehr sein als dies alles, sie will eine deutsche Institution sein und damit außer Konkurrenz.

Doch das ist schon eine unzutreffende Unterstellung, denn eine Institution *will* nicht etwas sein, sie *ist* es. Sie erklärt und erläutert sich nicht, zum Beispiel, indem sie sich auf ihre Vergangenheit beruft. Eine Institution war im Grunde immer schon da. So auch die *Frankfurter Allgemeine,* die sich zwar gelegentlich – heute viel weniger als in ihren ersten Jahrzehnten – auf ihre Erbnachfolge der alten *Frankfurter Zeitung* beruft. Doch das ist mittlerweile ein verblaßter Mythos, der kaum noch jemandem imponiert. Was ihre eigene Geschichte angeht, die sich vereinigt mit der Geschichte der Bundesrepublik, so verhält sich die Zeitung so, als sei sie immer schon da gewesen. Ebenso wie die Republik, der ja nichts vorherging. Was zuvor war, war das ganz Andere.

Frage: Reicht diese Entschlossenheit und die Tatsache, daß niemand ihr die Rolle streitig macht, schon aus, die *Frankfurter Allgemeine* diese deutsche Institution sein zu lassen?

Um das zu klären, nach so vielen Vermutungen und Vorab-Urteilen ein etwas genauerer Blick auf die *Frankfurter Allgemeine,* eine Gegenwartsaufnahme: Eine Monatsstrecke lang, vom 15. Januar bis zum 13. Februar 1988. Warum gerade dieser Zeitraum? Es hätte auch ein anderer sein können, die Auswahl war beliebig. Es war eine ganz gewöhnliche Zeit ohne übermäßige Dramatik, die in den Medien untypische Reaktionen hervorgerufen hätte.

Atommüllskandal, Brüsseler Gipfel, Bürgerrechtler in Ost-Berlin, Waldheim, das sind keine besonderen Höhepunkte für die journalistische Arbeit, auch kaum Anlässe für innenpolitische Streitereien, die viel mehr wären als Routine. Das gilt auch für Rheinhausen und die Vorruhestandsregelung. Der Historikerstreit, obwohl ausgelutscht, ist noch immer ein Dauer-Kaugummi. Wird sich an Heidegger eine Kontroverse entzünden, die ihn ersetzen könnte? Die *Frankfurter Allgemeine* war dafür gerüstet, wieder einmal besser gerüstet als die übrigen Zeitungen der Bundesrepublik. Also, wie gesagt, eine ziemlich durchschnittliche Zeit.

Der Blick des Kritikers fällt vor allem auf den politischen Teil, daneben auf Feuilleton und Wirtschaft. Zuerst an diesen drei Bereichen sind ja Anspruch und Wirklichkeit der FAZ abzuklopfen. Außer Betracht bleibt daher einiges, was die *Frankfurter Allgemeine* für viele ihrer Leser, denen ihre Politik nicht behagt, attraktiv macht. Zum Beispiel die samstäglichen Kupfertiefdruckbeilagen »Bilder und Zeiten« – mit ihren zeitkritisch genau sitzenden Fotos; die Mittwochsbeilagen über Natur- und Geisteswissenschaften, keine Tages- oder Wochenzeitung leistet sich nur annähernd so Gutes (das vom Aschenputtel unter den Intelligenzblättern, der *Frankfurter Rundschau,* unter der Patenschaft von Jürgen Habermas eingerichtete *Forum Humanwissenschaften* rennt nur atemlos hinterher); der Reiseteil vom Donnerstag, besser geschrieben und redigiert als überall sonst in diesem Genre üblich.

Außer Betracht bleiben muß auch das freitags beigelegte Magazin, das kulinarische Kontrastprogramm zum meist reichlichen, aber trockenen Alltagsbrot und in seiner optischen wie intellektuellen Postmodernität der aufregendste Ausweis dafür, wie weit die konservative Umfassungsstrategie der *Frankfurter Allgemeinen* reicht. Mit seiner Fleckhaus-Ästhetik hat sich das FAZ-Magazin schnell die Überlegenheit gegenüber dem etwas älteren ZEIT-Magazin gesichert. Dazu nur das pauschale Urteil, daß das Magazin, das sich in Sprache und Bild in heiterer Skrupellosigkeit dem Zeitgeist und den Yuppie-Bedürfnissen nach strenger Inhaltslosigkeit anschmiegt, mit den strengen moralischen Standards der Politik auf der einen Seite, mit den ernsten ästhetischen Standards des Feuilletons auf der anderen in einem heimlichen Krieg liegen müßte. Aber eben nur müßte. Es geht aber alles unter einem Dach zusammen. Vermutlich vermag nicht einmal das Amt des Bundespräsidenten so Vieles und Unterschiedliches zu integrieren wie die *Frankfurter Allgemeine*.

Zuerst also die Politik. Was immer sonst noch der Zeitung für Deutschland Umriß gibt, Institution will sie sein und identifiziert wird sie mit dem, was auf den Seiten der Politik steht. Auf der Seite eins mit erstem und zweitem Aufmacher, dem namentlich gezeichneten Leitartikel und dem mit einem Kürzel versehenen Kurzkommentar. Auf der Seite zehn mit ihren meist zwei größeren Stimmungs- und Orientierungsberichten und ihren drei politischen Glossen. Auf der Seite drei mit ihren Hintergrundsreportagen und so weiter und so fort. Diese zehn oder zwölf Seiten, die auch Vermischtes und größere Anzeigen enthalten, sind die Zeitung. Sie sind ihr Zentrum, verkünden über die Jahrzehnte ihre Doktrin. Alle anderen Teile der Zeitung, so gut und selbständig sie redigiert sein mögen, existieren letzten Endes zum höheren Ruhm dieses Teils, auch das Feuilleton, auch der Wirtschaftsteil.

Die Namen, unter denen hier berichtet und kommentiert wird, tun nichts zur Sache. Früher einmal, in den Gründerjahren, war das anders. Als Publizisten aus eigener Kraft wie Dolf Sternberger, Paul Sethe, Benno Reifenberg, Jürgen Tern der Zeitung als Mitherausgeber, leitende Redakteure oder Mitarbeiter willkommen waren, besagten ihre Namen etwas für die gesamte Zeitung. Lesergruppen und politische Strömungen waren nicht zuletzt durch Schreibernamen an das Organ gebunden. Doch Leserloyalität für die *Frankfurter Allgemeine,* die sich an Namen heftet, gibt es heute nicht mehr. Nur gelegentlich zieren die Namen einiger weniger Gast-Leitartikler wie Johannes Groß oder Michael Stürmer den im übrigen anonymen Block der Politik. Anonym auch dort, wo die Artikel voll gezeichnet sind.

Wenn dies ein Grund ist, hier keine Namen der heutigen Schreiber in der *Frankfurter Allgemeinen* zu zitieren, so hängt ein zweiter Grund eng damit zusammen. Zuerst an Namen fixiert sich nämlich der tägliche Verdacht, mit dem alle professionellen Leser der Zeitung, Kollegen und politische Funktionäre aller Art, ihre Lektüre betreiben: Der Verdacht auf Risse, Dissonanzen, Widersprüche im geschlossenen Gebäude der politischen Doktrinen und

Groß-Interessenlagen, die durch die *Frankfurter Allgemeine* hochgehalten werden. Und die Erwartung, es möchten sich am äußeren Bild der Zeitung Konflikte zwischen Fraktionen ablesen lassen, die da und dort auf eine Kursänderung verweisen.

Mit einem derartigen Verdacht liest man keine andere Zeitung, kein Magazin hierzulande. Der Verdacht ist die unvermeidliche Kehrseite des Anspruchs, die Bundesrepublik in ihrer Gesamtheit zu repräsentieren. Zu repräsentieren als ein Führer und Ratgeber, der die dauerhaften Interessen des Gemeinwohls aus höherer Einsicht und Regierungsweisheit zu formulieren weiß, jenseits des Regierungspersonals, das jeweils gerade die Geschäfte betreiben muß. Dieser Anspruch versetzt die Zeitung in einen gewissen Zwang. Sie kann die täglichen Ereignisse im Lande und auch draußen nicht einfach in ihrer eigenen Logik, unter ihren besonderen Bedingungen und aus ihrer eigenen Entstehung darstellen und kommentieren. Sie muß sie immer auch an einem imaginären bundesdeutschen Gesamtinteresse messen, das sie selber am besten ausdrücken kann.

Weil sie Institution sein will, wird die *Frankfurter Allgemeine* zur Schule des täglichen Verdachts. Den Institutionengläubigen und Autoritätsbedürftigen, also der Leserschaft, auf die sich die Zeitung stützt, steht eine beträchtliche Zahl professioneller Leser gegenüber, welche aus unterschiedlichen Gründen sie nicht vermeiden können. Sie begleiten die Zeitung mit professionellem Argwohn und mit Schadenfreude, wenn sie sich vergreift, irrt, selber Fallstricke bereitstellt. Wenn man täglich die Tatsachen und auch weit entfernte Situationen nach ihrer Bedeutung für die bundesdeutsche Staatsraison einschätzen muß, werden die dabei unumgänglichen Fehlgriffe schwerer als bei anderen taxiert. So schwer, wie es einer Institution eben gebührt, wo allen anderen ein Danebenhauen als Berufsschwäche von Journalisten vergeben wird.

Was ihre linken Kritiker wie Gerhard Zwerenz nicht begreifen: Die Institution *Frankfurter Allgemeine* weiß das durchaus. Sie weiß, daß sie, um die Autorität ihrer Rolle zu bewahren, immer auch Schule des Verdachts sein muß. Sie hat die meiste Zeit gut mit dem Verdacht gelebt. Einem Organ, das in seinen beiden ersten Jahrzehnten zutiefst von der Schicksalhaftigkeit des nur zeitweise eingeschränkten Weltbürgerkriegs überzeugt war, ist

Verdacht ohnehin ein selbstverständliches Element. Es ist ein anderes Kapitel, wie sich diese Überzeugung unter heutigen Bedingungen in einer neuen Generation von Zeitungsmachern verwandelt hat, in welchen Formen sie sich fortsetzt.

Treten wir also der *Frankfurter Allgemeinen* während dieser vier Wochen zwischen dem 15. Januar und Mitte Februar 1988 näher. Sehen wir uns an ein paar Beispielen an, wie sie mit der Aktualität zurechtkam. Zum Beispiel im Fall Waldheim.

Am 10. Februar in der Leitglosse der ersten Seite unter dem Titel ›Die Jagd geht weiter‹: »Die Feinde Waldheims in Amerika denken nicht daran, die Jagd aufzugeben. Sie werden sich auf alles mögliche berufen, auch auf den Satz im Kommissionsbericht, Waldheim habe wiederholt im Zusammenhang rechtswidriger Vorgänge mitgewirkt und damit deren Vollzug erleichtert. Die schwammige Formulierung suggeriert, Waldheim habe eben doch mit Kriegsverbrechen zu tun gehabt ... denen, die Waldheim vor sich her treiben möchten, geht es um etwas anderes: um eine Machtfrage. Sie haben beschlossen, daß der österreichische Präsident ein Verbrecher ist ...«

Zwei Tage später, an derselben Stelle: »Die ÖVP bricht nicht mit Waldheim, aber ein Teil der Partei geht auf Abstand. Welche Strömung den Ausschlag gibt, das wird von der Volksstimmung abhängen. Die aber schwankt. Die Österreicher schließen sich in starker Gefühlsaufwallung zusammen, wenn sie sich von draußen beleidigt fühlen. Aber ihre Resistenz gegen Druck von außen ist gering ...«

Aha, ein vorsichtiger Rückzug, wie üblich mit dem Verweis auf die offene Zukunft. Am 13. dann im Feuilleton gut placiert die Meldung, daß Hilde Spiel, seit Jahrzehnten Mitarbeiterin der *Frankfurter Allgemeinen*, zeitweise ihre Londoner Kulturkorrespondentin, ihre geplante Eröffnungsrede bei den Salzburger Festspielen absagt. Ihre Begründung wird zitiert: »Der Auftritt bei einem Festakt unter der Patronanz unseres derzeitigen Bundespräsidenten ist mir unmöglich ... Es mag genugen, daß ich mich zu jener von Herrn Vizekanzler Mock als fanatische Minderheit bezeichneten Gruppe bekenne, die sich nach dem Bericht der Historikerkommission mit dem Verbleiben Herrn Dr. Waldheims nicht abfinden kann.«

Am 17. Februar schließlich der Leitartikel unter der Überschrift »Ein Fall der zivilisierten Welt«: »Nein, Waldheim war kein Held; er war nicht einmal beherzt. Er machte im Krieg mit, aufs eigene Durchkommen, aufs Überleben bedacht. So hielten es auch die meisten anderen. Viele von ihnen sind nach dem Krieg, in Österreich und in Deutschland, zu hohen Ämtern gekommen; sie fanden und finden sich respektiert in der Welt. Aber von Waldheim will der entfesselte Haß nicht lassen ... Wer folgt eventuell Waldheim nach? Alles das sind Nebensachen, gemessen an der moralischen Seite des Falles Waldheim, der ein Fall, in zweifacher Bedeutung, der zivilisiert genannten Welt ist.«

Zugegeben, das ist ein selten schönes Exemplar von Meinungsgebung der *Frankfurter Allgemeinen,* aber ein typisches. Der Fall Waldheim scheint geradezu zum Vorwand degradiert, um die Schleife des Ressentiments anzulegen. Des Ressentiments gegen alle, die da noch nachfragen, wie es sich damals mit Personen verhielt, nicht nur mit Waldheim, mit dem offensichtlich die zivilisierte Welt fällt. Der Leitartikler entfesselt sich auch ohne jede Vorsicht und ohne Rücksicht auf den demnächst wahrscheinlichen Rücktritt des Mannes. Jedermann rechnet ja damit, rechnet auch mit weiteren peinlichen Gründen dafür – ebenso wie jedermann von Anfang an mit der langsamen Häufung von bekanntwerdenden Verstrickungen und Selbstdenunziationen Waldheims rechnen konnte. Die fatalen Verläufe gleichen sich doch alle. Und schon vor dem Befund der Historikerkommission war klar, daß alles nur eine Frage des politischen Managements von Anpassungen und Übergängen sein würde.

Beispiel zwei: Der Fall Werner Höfer. Am 16. Januar kommentiert die *Frankfurter Allgemeine* gleich an zwei Plätzen das Fernsehgespräch mit Höfer und anderen Journalisten. In der dritten politischen Glosse auf Seite 10 des politischen Teils unter anderem so: »Das Bedauern und die Scham, die Höfer bekannte angesichts von Texten, die er zu Nazi-Zeiten geschrieben hat, genügten den Inquisitoren nicht: Noch mehr sollte er sich öffentlich schämen – so, als ob nicht jeder das Recht habe, vor dem Publikum ein Stück Selbstachtung zu bewahren und den Rest mit sich selbst auszumachen. Die moralische Überheblichkeit der nachgeborenen Frager ...« ›Unwürdig‹ lautete der Titel.

Im Feuilleton am selben Tag lautet der Kommentar zu Höfer: ›Ein Tribunal‹: »Höfer hatte von Anfang kaum eine Chance. Daß er sich trotzdem stellte, verdient Respekt. Was er sagte, enttäuschte nicht zuletzt durch das Wie. Er sprach wiederholt von seiner ›Scham‹, bedauerte seine Verstrickung in die Kriegspropaganda (offen antisemitische Hetzartikel sind von ihm nicht bekannt geworden). Aber er erlag allzu oft der – so verständlichen wie aus der Nachkriegszeit vertrauten – Neigung, unter Hinweis auf menschlich-allzumenschliche Einzelheiten die moralischen Fragen einzuebnen. Mit unwichtigen Details wie jenem, er habe niemals das Propagandaministerium betreten und in seinem Pressebüro tagelang Zeitungsartikel ausgeschnitten, bemühte sich Höfer allzu listig um ein biedermännisches Selbstbildnis. Das nährt Verdacht . . .«

Ein zweites Mal Schule des Verdachts. Wer relativiert da wen? Wenn so offensichtlich mit zwei Zungen kommentiert wird, was leistet sich damit die Zeitung gegenüber ihren Lesern? DIE ZEIT mag sich derartiges ohne Schaden einfallen lassen, bei ihr wäre es Beweis der Liberalität. Die Zeitung für Deutschland, die die Bundesrepublik repräsentieren will, muß ihre loyalen Leser in Verwirrung setzen.

Ein drittes Beispiel: Der Besuch von Franz Josef Strauß in Süd-Afrika und angrenzenden beziehungsweise eingegrenzten Territorien. Dazu am 29. Januar der erste Kurzkommentar auf Seite 12: ». . . Aber was hat Strauß, der gute Kenntnisse der Verhältnisse in Südafrika, in Namibia und in den ›Frontstaaten‹ besitzt, denn Schlimmes getan? Er hat bei voller Wahrung seiner Abneigung gegen die Reste der Apartheid über Lösungen nachgedacht, die der Region ebenso wie der ganzen Mitwelt zugute kämen. Vieles davon war bisher ›undenkbar‹. Beispielsweise eine unbefangenere Haltung der Staatengemeinschaft gegenüber den ›Homelands‹ mit ihren nach wie vor geringen Eigenstaatlichkeits-Merkmalen . . . An der Reise von Strauß Anstoß zu nehmen ist verfehlt.«

Dann, am 1. Februar an gleicher Stelle, eine vorsichtige Kritik – in Bonn war man inzwischen ärgerlich geworden: »Eine andere Frage ist es, warum Strauß seine offizielle Reise mit Abstechern nach Namibia und in das ›Homeland‹ Bophutswana verbunden hat. Er mußte wissen, daß diese Ausflüge unter den gegebenen Umständen nicht ›privat‹ sein konnten und mit der Linie der Bundesrepublik nicht in Einklang stehen. Daraus läßt sich schließen, daß sie hauptsächlich zum innenpolitischen Gebrauch bestimmt waren.« Es war ein anderes Kommentatorkürzel, das vor diesem Text zu lesen war.

Am nächsten Tag, am 2. Februar, spricht die Zeitung wieder mit der zuerst gehörten Stimme, diesmal in der politischen Leitglosse der ersten Seite: ». . . Die Bundesrepublik kann sich immerhin glücklich schätzen, wenigstens nicht an den Sanktionen teilgenommen zu haben. Falls solche mit dem Hintergedanken empfohlen worden sind, die schwarze Bevölkerung Südafrikas mit einer Verschlechterung ihrer Lebensbedingungen gewaltbereiter zu machen, wären sie mehr als nur kurzsichtig gewesen. Ähnlich steht es mit der jahrelang zur Pflicht gemachten Verteufelung der Homelands: sie hat daran gehindert, aus den zunächst armseligen Gebilden politischen Nutzen zu ziehen, der einen Druck auf Pretoria ermöglicht hätte. Die Bemerkungen des Reisenden aus Bayern bieten die Möglichkeit, Ansichten über Südafrika zu korrigieren, die nicht weiterführen . . .«

Der professionelle Leser weiß natürlich, welcher nichtgenannte Meinungsgegner der Zeitung jeweils gemeint ist. Er kennt ohnehin die Ereignisse und die Konfliktlagen und erwartet von der *Frankfurter Allgemeinen* nicht eine bisher versäumte Information oder eine neuartige, gar aufregende Erklärung. In ihren Leitartikeln und Kommentaren sagt die Zeitung so gut wie nie etwas Neues. Was der Leser erwartet, ist das Stimmungsbild in diesem Lager, die Klimabeschreibung für diesen Tag.

Die *Frankfurter Allgemeine* hat täglich fünf Meinungskolumnen zu bieten, dazu drei weitere im Wirtschaftsteil und mindestens eine im Feuilleton, insgesamt also neun. Von den 130 Leitartikeln und Kurzkommentaren oder Glossen der Politik während dieser vier Wochen hat ein beträchtlicher Teil aus und an der jeweiligen Sache gehandelt. Der Skandal der Hanauer Atomwirtschaft zum Beispiel, dem die Zeitung allein am 16. Januar neun Berichte und Kommentare widmete, wurde nicht nur so ausführlich in seinen Einzelheiten mitgeteilt, wie es sich keine andere Zeitung leistete, sondern auch kühl und hart gegen die Branche kommentiert. Und dem Leser fehlte hier ziemlich oft das, was man die Schleife des Ressentiments nennen könnte.

Die Schleife des Ressentiments ist eine Darstellungstechnik nicht nur in Leitartikel und Kommentar, sondern auch in der Reportage, die keine andere Zeitung zu solcher Perfektion gebracht hat wie die *Frankfurter Allgemeine.* Sie besteht darin, daß ein Vorfall oder eine öffentliche Erklärung zunächst distanziert dargestellt, daß im Verlauf der weiteren Erläuterung Interessenten als mutmaßliche Widersacher ausgemacht werden, jedoch so undeutlich wie möglich benannt bleiben, bis am Ende in klarer Polarisierung eines hervortretenden positiven Interesses und eines dunkel bleibenden negativen Interesses das Urteil gesprochen werden kann.

Das Verfahren der Schleife des Ressentiments blühte am größten auf in den Jahren des Kalten Krieges und des Totalitarismusverdachts, und die *Frankfurter Allgemeine* war eine seiner Meisterinnen. Es wird in der Zeitung auch heute noch weithin geübt, doch es wird merklich mühsamer und häufig peinlich. Seine Meister gehören entweder der älteren Generation oder dem engsten Führungszirkel der Zeitung an. Daß es mühsamer wird, liegt daran, daß die Morgenzeitung mit ihrem Nachrichtenteil heute nicht mehr erster und wichtigster Informant ihrer Leser ist, daß sich vor allem durch das Fernsehen bis zur Zeitungslektüre über viele Sachverhalte bereits eine Anschauung gebildet hat. Das erschwert auf vielen Feldern die Benutzung der Schleife des Ressentiments oder verlangt doch unbefangene Grobschlächtigkeit. Am besten funktioniert sie noch bei Themen, bei denen die Zeitung im Einklang mit ihren Lesern ihrem autoritären oder gar reaktionären Instinkt seinen Lauf lassen darf. Also dort, wo sie blinde Identifizierung ebenso wie die offene Provokation bei den kritischeren Lesern pflegen will. Mag das dann peinlich sein, es soll es auch – und der liberale Durchschnittsleser freut sich.

Wenn unsere drei Beispiele aus der Schule des Verdachts zwar mit informierter Willkür aufs Typische, doch immerhin mit Willkür ausgewählt sind, so nicht, um eine erwartete Tendenz der Zeitung aufzuspießen. Viel interessanter ist die anhaltende Möglichkeit, die Dauerhaftigkeit dieser Tendenz. Denn, so sollte man meinen, seit den 60er Jahren haben sich Leserschaft und Macherschaft der Zeitung doch gründlich gewandelt, ihre Weltkenntnis, ihr Informationsvermögen. Kann eine Meinungsverbreitung wie die vorgeführte, deren Provinzialität und Vorgestrigkeit selbst dem heimlichen Sympathisanten peinlich sein muß, von der ersten Zeitung des Landes noch akzeptiert werden? Und wer ist es, der sie erträgt?

Die Frage wäre müßig, könnte man sie mit Blick auf die Leserbriefspalten der *Frankfurter Allgemeinen* beantworten. Dort treten vor allem die Ur-Abonnenten auf, die sich mit der Zeitung identifizieren, meist deutsche Akademiker in all ihrer deutschen Wichtigkeit. Sodann die Minderzahl der unvermeidlichen und ebenso willkommenen Kritiker einzelner Beiträge, der Rest sind die Richtigsteller und die Juristen.

Mit den Leserbriefen wird jene Stamm-Szene bedient, der die Redaktion in der Anpassung unvermeidlich vorauseilt. In der *Frankfurter Allgemeinen* ist die Meinungslage der Leserbriefe im Durchschnitt weiter rechts angesiedelt als der redaktionelle Teil, ebenso wie in der *taz* auf der Briefseite besonders derb gerülpst werden darf, ja soll: zur Entlastung der Redaktion. Unterdrückt werden von jedem Intelligenzblatt ja gerade die treuesten Leser, hier sollen sie sich Luft machen, da es nun einmal nicht zu ändern ist, daß die treuesten Leser jeweils auch die dümmsten sind. Gemessen an der hohen Dressur des *Spiegel* sind freilich alle Leserbrief-Kompositionen der anderen Intelligenzblätter ziemlich dilettantisch.

Nahezu völlig fehlt in den Leserbriefspalten die wichtigste Schicht oder Gruppe, die die *Frankfurter Allgemeine* als ihre Zeitung unterstützt und in ihr inseriert: Die Welt der Wirtschaft, vor allem die größten, die deutschen Weltfirmen. Sie und ihre Manager treten in der Zeitung, abgesehen von den Finanzanzeigen und den Geburtstagswünschen der Redaktion, kaum in Erscheinung. So gerät man immer wieder in Zweifel, ob dies wirklich die Zeitung *der* deutschen Wirtschaft und ihrer Verbände ist.

Wer über die Jahre hin den politischen wie den Wirtschaftsteil der Zeitung verfolgt, wird sich immer wieder die quälende Frage stellen: Wie kann das deutsche Kapital, das weltweit operiert, von weltweiten Informations- und Orientierungsmitteln Gebrauch macht, die Bundesrepublik und sich selbst von einer Zeitung repräsentieren lassen, die über das Wichtigste nicht Analysen, sondern Moral bietet?

Nicht: Wie sieht die Zukunft einer Wohlfahrtsökonomie aus,

die den Staat ebenso braucht wie den Markt? Sondern: Jede Staatstätigkeit in der Wirtschaft ist von Übel, darum weg mit allen Subventionen und konsequente Deregulation. (In Klammern: Alle unsere Inserenten und Leser nehmen seit Jahrzehnten gerne diese Subventionen und werden sie weitere Jahrzehnte nehmen. Und Deregulation natürlich nur für die profitablen Bereiche, zum Beispiel der Post, und zu günstigem Preis.) Klammer zu.

Nicht: Wie sieht die reale Konfliktlage zwischen Kapital und Arbeit in der Bundesrepublik und anderswo aus, wie wird sie in fünf oder zehn Jahren aussehen? Sondern: Gewerkschaftsinteressen müssen heute und werden morgen so aussehen, wie sie schon vor zwanzig Jahren ausgesehen haben, und wenns krumm kommt, werden die Gewerkschaftsführungen immer wieder den Klassenkampfgedanken hervorholen. (Klammer auf: Der Unternehmer gähnt. Seine Tarifexperten im Verband wissen besser, was die Gewerkschaften denken als diese selber.) Klammer zu.

Der geduldige Leser der *Frankfurter Allgemeinen* weiß, daß sie von der Information, die der Unternehmer braucht, wenig zu bieten hat. Karätige Leute der Wirtschaft werden die Zeitung für Deutschland allenfalls als Drittblatt lesen können. Ehe sie zu ihr greifen, werden sie je nach Bedürfnis sich orientiert haben im *Wallstreet Journal,* im *Economist,* in der *Washington Post* oder in der *Financial Times* – und zwar nicht nur übers Wirtschaftliche, sondern über das, was überhaupt in der Welt heute wichtig ist.

Und im besonderen: Wie kann sich die deutsche Wirtschaft mit dem Wirtschaftsteil der *Frankfurter Allgemeinen* zufrieden geben? Dafür kann man nur einen, wenn auch wichtigen Grund sehen: Die Firmenberichte. Wichtig sind sie nicht wegen der mitgeteilten Daten, der direkten Informationen, sondern wegen des Grases, das der Kenner zwischen den Zeilen wachsen sieht. Das findet der Interessierte freilich auch anderswo. Woran es dem Unternehmer-Leser in seiner Zeitung mit ihrem internationalen Korrespondentennetz jedoch fehlen wird, das sind Perspektiv- und Trendberichte, Analysen, die sich nicht nach dem ersten Absatz in die wirtschaftsideologischen Gebetsmühlen drehen lassen. Rechtgläubigkeit aber ist es vor allem, was der Wirtschaftsteil der Zeitung im Leitartikel und den meist zwei Kurzkommentaren verbreitet. Auch auf diesen Seiten, die doch nur von den Insidern und Experten gelesen werden, führt die Zeitung seit Jahrzehnten einen

Glaubenskrieg, wird gegen imaginäre Gegner der freien Marktwirtschaft gestritten, wird Überzeugungsarbeit an den schon im richtigen Glauben Geborenen geleistet.

Die Gewerkschaften zum Beispiel werden dort auf eine Weise und mit Argumenten bekriegt, als befänden wir uns noch immer in den tiefen fünfziger Jahren – freilich schon seit den fünfziger Jahren noch immer vom selben Autor. Was übrigens nicht gerade für die Gefährlichkeit der deutschen Gewerkschaftsbewegung spricht.

Ihre Informationsbedürfnisse und ihre Interessen an eigener Orientierung können es jedenfalls nicht sein, welche die deutsche Wirtschaft die Zeitung für Deutschland halten lassen. Was sonst aber könnte es sein? Man zögert mit der Vermutung, es könnte die Übereinstimmung in der allgemeinen konservativen Haltung und in der Ideologie sein, die der Wirtschaft den beträchtlichen Preis wert ist. Einen Preis, in dem ja auch die Kosten für eine eher dröge Repräsentation der Bundesrepublik im Ausland inbegriffen sind. Man zögert, weil die deutschen Unternehmer zwar zumeist konservativ sind, aber nicht sentimental – und schon gar nicht lassen sie sich Scheuklappen verpassen, wenigstens in ihrer großen Mehrzahl. Als Marktprodukt jedenfalls fände die *Frankfurter Allgemeine* unter den deutschen Unternehmern wohl kaum hinreichende Abnehmer. Aber sie läuft eben über das Konto Werbung.

Lassen wir die Frage fürs erste unbeantwortet. Betreten wir den dritten großen Teil der Zeitung, das Feuilleton. Seine Seiten, täglich sind es im Durchschnitt zweieinviertel, geben ebenfalls eine Frage für ihre täglichen Leser auf: Nämlich wie es kommt, daß dies das Feuilleton der *Frankfurter Allgemeinen* ist, wie die politische Zeitung und das Feuilleton einander ertragen können. Das ist zunächst eine Gewichtsfrage. Jedermann, der hierzulande mit Kultur zu tun hat, wird zustimmen, daß dies das kompetenteste aller deutschen Feuilletons ist. Kompetent nicht nur nach Umfang seiner Information und nach Reichweite und Aktualität der behandelten Probleme, sondern kompetent auch in seiner Kritik. Längst nicht jedermann aber, längst nicht einmal jeder Getreue, wird dem politischen Teil der Zeitung das gleiche Gewicht, Gewicht durch Kompetenz, zusprechen wollen.

Die Kompetenz des Feuilletons hängt zu einem guten Teil von seinem Umfang ab. Er ist an jedem Tag größer als derjenige in allen vergleichbaren Tageszeitungen, nicht gerechnet die sechsseitigen Wochenendbeilagen, die mindestens drei Extraseiten pro Woche für Natur- und für Geisteswissenschaften, die mindestens vier großen Rezensionsbeilagen jedes Jahr. Die Kompetenz liegt aber auch in der richtigen Mischung, mit der das Feuilleton möglichst viele Kulturbeflissene und Kulturproduzenten zur Lektüre locken muß. In den vier Wochen von Mitte Januar bis Mitte Februar zum Beispiel brachte das Feuilleton 74 Berichte über Ausstellungen, Konzerte und Theaterpremieren, dazu 54 Rezensionen von Belletristik und von Kulturwissenschaftlichem, daneben Film- und Fernsehrezensionen, jeden Tag natürlich, kulturpolitische Diskussionen, kulturökonomische Analysen und dazu die tägliche Glosse. Wer mit Zeitungen zu tun hat, wird sie jeden Tag als erstes nach dem Streiflicht der Süddeutschen Zeitung lesen. Mit einer solchen Fülle des Materials kann man natürlich eine breitgestreute Leserschaft an sich binden. Und wenn, wer zur politischen Intelligenz im Lande zählen will, den politischen Teil lesen muß, so muß, wer zur Kulturintelligenz gehört, das Feuilleton halten.

Wie aber passen sie zusammen? Denn die Leserschaft des Politischen und die Leserschaft des Feuilletons, sie müssen sich einfach zum großen Teil ebenso ferne stehen wie die politische und die Feuilleton-Redaktion der Zeitung.

Das war freilich nicht immer so. In den Gründerjahrzehnten, ja bis hinein in die späten siebziger Jahre, blieb das Feuilleton im Windschatten des Politischen. Es war nicht gerade glanzvoll, aber zuverlässig, vor allem in seinen Kulturberichten. Doch bei jeder heiklen Frage der politischen Ästhetik, bei jeder Frage ästhetischer Moral wußte der Leser im voraus, wie die Redaktion reagieren würde: Nach den Regeln der Schule des Verdachts, und oft genug mit der Technik der Schleife des Ressentiments. Das Feuilleton gehörte ganz in die Zeitung, so wie die Zeitung ganz in den bundesrepublikanischen Zeitgeist gehört.

Das hat sich mit den achtziger Jahren geändert. Gewiß, das ist nach wie vor alles andere als ein linkes Feuilleton, und wenn man will, kann man es noch immer ein konservatives Feuilleton nennen. Doch eine solche Bezeichnung hat ihren Sinn verloren, seit man diese Seiten von vornherein auf andere Weise zur Hand nimmt. Nämlich neugierig auf Themen und ihre Behandlung, nicht zuerst mit dem Blick des prinzipiellen Ideologieverdachts.

Man kann sich seit einigen Jahren nicht mehr auf den bedingten Reflex verlassen, mit dem die Redakteure des Feuilletons reagierten, wann immer eine Äußerung aus dem Lager des Progresses zu kommentieren war. Denn nicht anders als ein großer Teil der linken Intelligenz konnte auch das Feuilleton der *Frankfurter Allgemeinen* jahrzehntelang nur in Lagern denken, ebenso wie Politik und Wirtschaft – bis heute und vermutlich noch lange Zeit. Das Lagerdenken zeigt übrigens, daß die Zeitung nicht in einem konservativen Geist lebt. Der Konservative mag einen sicheren Instinkt für, das heißt gegen die fortschrittliche Parole haben, aber er kann nicht in Lagern denken. Sonst müßte er sich ja selber im Lager sehen, und das widerstrebt ihm.

Es widerstrebt, wie man immer öfter nachlesen kann, heute auch dem Feuilleton der *Frankfurter Allgemeinen.* Dieses zieht hinter dem Schutzschild der Ideologie- und der Sprachkritik neuerdings Themen an sich, die sonst der Politik und der Wirtschaft zugehörten: Umwelt, Pazifismus, Technologiepolitik, Parteienprogrammatik. Und der Feuilletonleser wäre schon fast enttäuscht, wenn er über Tschernobyl und über Nukem nicht auch hier einen Kommentar fände. Damit geschieht eine heimliche oder auch offene Landnahme, wie man sie in den sechziger und frühen siebziger Jahren in anderen Institutionen der Medienindustrie erlebt hat: in den Rundfunkanstalten. Auch dort hatten die Kulturredaktionen alte Themen besetzt und neue erschlossen, mit denen die erstarrten Politik-Redaktionen nicht zurechtkamen. Also eine alte deutsche Geschichte: Das Kulturelle hat zu ersetzen, was das Politische nicht leisten kann.

Es liegt allein an der vorsichtigen Öffnung des Feuilletons, wenn langsam Wunden vernarben oder auch zunehmend ignoriert werden, die in Jahrzehnten des Konflikts zwischen der Zeitung und der linken Intelligenz geschlagen worden waren. Die schlimmen Diffamierungen – Jürgen Habermas und Günther Anders zum Beispiel sind ihre Opfer geworden, geschehen im Feuilleton der *Frankfurter Allgemeinen.* Oder, schon etwas länger ist es her, die kalte Attacke von Alfred Andersch und, noch früher, der Aufruf deutscher Intellektueller, in dieser Zeitung nicht mehr zu veröffentlichen.

Der Konflikt zwischen der *Frankfurter Allgemeinen* und den deutschen Intellektuellen, das ist eine eigene Geschichte. Eine Geschichte der Peinlichkeiten und auch der Heimlichkeiten, wie es ja unvermeidlich war, da sie nach den Regeln der Schule des Verdachts verlaufen mußte. Wer worüber in der Zeitung schrieb, wer von wem rezensiert wurde, wer aus welchem Grunde nicht oder nicht mehr das Forum der Institution für Deutschland benutzen wollte oder konnte – das war nie eine verdachtfreie Angelegenheit. Wer jemals als Intellektueller schreibend in die *Frankfurter Allgemeine* geriet, geriet für alle übrigen Intellektuellen in eine Zone des unbestimmbaren Opportunismus.

Gewiß, kein Intellektueller, der für eine große Zeitung oder eine Massenzeitschrift schreibt, kann ganz frei von Opportunismus bleiben. Mag auch der gelieferte Text frei bleiben von Zensur oder Kürzung, man dient doch immer einer Organisation mit ihren eigenen Interessen. Aber es gibt Unterschiede.

Es gibt zum Beispiel einen Opportunismus, im *Spiegel* zu schreiben. Opportunismus, weil das Magazin einen prinzipiellen Verrat an der Sprache betreibt, mit seiner Art der Information eine Aufklärung durch argumentierende Vernunft sabotiert. (Niemand hat übrigens die *Spiegel*-Sprache gegen die Sprache besser beschrieben als Enzensberger – der im *Spiegel* schreibt.) Und es gibt eben jenen anderen Opportunismus, in der *Frankfurter Allgemeinen* zu schreiben. In einem Organ, dessen Steuerleute alle zutiefst überzeugt sind vom unheilbaren Weltkonflikt, die unbeirrt jeden Gedanken, jede Tat auf Parteilichkeit, die Lage der Nation und Machtinteresse reduzieren, hat jeder Schreibende teil am Freund-Feind-System, auch mit dem unverfänglichsten Thema. Frei von Opportunismus könnte sich nur der sprechen, der in der Zeitung selbst gegen ihre herrschende Tendenz und raison d'être schriebe. Aber den gibt es natürlich nicht.

Wenn Enzensberger vor rund fünfundzwanzig Jahren meinte, die *Frankfurter Allgemeine* spreche herrschende Sprache als eine Umkehrung von Sklavensprache, so hat sich das bis heute nicht verloren. Eine Spur der Unterwerfung trägt noch der kühlste und unabhängigste Text, den ein Intellektueller der Zeitung ausliefert. Da kein Schreibender ganz frei sein kann von Opportunismus und da alle aus diesem Grund taktvolle Leute sein müssen, weiß das im Grunde jeder – aber man spricht eben nicht darüber.

Das Feuilleton der *Frankfurter Allgemeinen* will keine Sklavensprache schreiben. Und weil es sich nicht selten subversiv gegen die politische Generallinie verhält, gelingt ihm das auch dort, wo es konform schreibt. Aber es bleibt bei Abschwächungen. Aus dem Bannkreis der Schule des Verdachts kann das Feuilleton nicht geraten, gerade weil es nach intellektueller Unbefangenheit strebt. Denn nun fragt der Leser jeden Tag nach dem erneuten Beweis dieser Unabhängigkeit, spekuliert auf Konfliktfähigkeit, Duldung, Einverständnis, Komplizenschaft. Unverdächtig und um vorurteilsfreie Information bemüht, wie die meisten Artikel des Feuilletons sind, können sie sich doch nicht der Aura des Verdachts entziehen – allein deswegen, weil sie im Feuilleton der *Frankfurter Allgemeinen* stehen.

Die *Frankfurter Allgemeine* nimmt in der gedruckten Presse der Republik die hegemoniale Stellung ein. Sie behauptet diese Hegemonie, die niemand ernstlich anficht, nicht aufgrund einer überragenden Kompetenz ihrer Informationsverbreitung und ihres politischen Urteils. Ihr Vorrang beruht darauf, daß sie mehr sein will als nur eine Tageszeitung, weshalb ihre Macher auch insgeheim oder offen das Pressewesen und die Öffentlichkeit verachten, soweit sie politisch ist – und daß ihre Inserenten diesen Hegemonialanspruch finanzieren, unabhängig von journalistischer Qualität.

Das Feuilleton der *Frankfurter Allgemeinen* nimmt unter den Feuilletons der deutschen Presse ebenso die hegemoniale Stellung ein wie die gesamte Zeitung. Es behauptet diesen Vorrang im Gegensatz zu den übrigen Teilen seiner Zeitung, weil es besonders kompetent ist und hohe Ansprüche an sich stellt, nicht zuletzt aber, weil es gegen die *Frankfurter Allgemeine* in der *Frankfurter Allgemeinen* leben muß. Was die Feuilletons aller anderen Zeitungen nicht weiter bekümmert: das Feuilleton der *Frankfurter Allgemeinen* weiß über sich Bescheid, weiß, in welcher Welt es existiert. Und wie kein anderes Feuilleton ist es von der Hoffnungslosigkeit der Kultur nicht nur überzeugt, sondern auch immer aufs Neue betroffen. So ist es, trotz aller Mäkelei am Fortschrittlertum der Intellektuellen, am Ende weniger zynisch als alle anderen Feuilletons, vom *Spiegel* über die *Süddeutsche* bis zur ZEIT.

Hans Magnus Enzensberger schrieb 1962 über die Zeitung für Deutschland: »Wer das politische, moralische und geistige Klima in der Bundesrepublik beobachten; wer Illusionen und Gelüste ihrer offiziellen Politik, sowie das Bild, das sie sich von der Welt zu machen liebt, bis ins kleinste ideologische Detail studieren will; wer an dieses Studium viel Geduld, kritische Vorsicht und erheblichen Scharfsinn zu verwenden geneigt ist, – für den wird die *Frankfurter Allgemeine* unentbehrlich sein und, wie zu besorgen ist, auch bleiben.«

Enzensberger hat Recht behalten. Die Zeitung brauchte sich im Kern und an der Oberfläche nicht zu wandeln, weil jener deutsche Zustand der Politik, den sie repräsentieren will, sich noch kaum gewandelt hat. Insofern ist die *Frankfurter Allgemeine* nach wie vor unentbehrlich, wenn man etwas über die politische Befindlichkeit der Republik erfahren will. Man sollte freilich genauer sagen: Wenn man etwas über die Befindlichkeit der politischen Klasse erfahren will.

Das ist schon weniger. Der Aktionsraum der Politikerpolitik ist im letzten Vierteljahrhundert ja um Merkliches geschrumpft. Und damit ist die Bedeutung der politischen Klasse geschrumpft, von deren Darstellung die *Frankfurter Allgemeine* lebt, und in der sie sich selber darstellen kann. Das Tun und Machen der Politikerpolitik bewegt immer weniger, weil im europäisch verflochtenen Wohlfahrtsstaat alle Institutionen schwächer werden, sich auch von beliebigen Funktionären vertreten lassen können.

Nicht anders geht es in der Wirtschaft. Trotz aller Gegenpropaganda, wie sie gerade die *Frankfurter Allgemeine* treibt, ist der heroische Unternehmertyp längst zum Fossil geworden. Ein übriges tut das Fernsehen, das Politik und Management als Unterhaltungsware vorführt und die politische Klasse zur täglichen Exhibition zwingt.

Diese Kaste, die auch die hohen Gewerkschafts- und Kirchenleute einschließt, braucht ein Organ, das Substanz von Politik und Nation und Legitimität der Institutionen wenigstens glaubwürdig inszeniert. Diesem Bedürfnis entspricht die Allgemeine Zeitung für Deutschland. Ihr Herausgeberteam gleicht ja auch in seinem Grau in Grau einem Bundeskabinett wie ein Ei dem andern. Und schon Enzensberger hatte die schreibenden Dezernenten dieser Institution zurecht Funktionäre nennen können.

So grau wie vor dreißig Jahren ist freilich die *Frankfurter Allgemeine* heute nur noch in ihrem Zentrum des politischen Teils, der das eigentümliche *arcanum imperii* einer Staatsraison ohne Staat hütet. Um aber die Heiltümer der Nation und die Gründungsfiktionen der Bundesrepublik im FAZ-Schrein weitertragen zu können, bedurfte es mannigfacher Anpassungen in den sich mehrenden Außenbezirken der Zeitung. Sie sind alles in allem beneidenswert gut gelungen. Vom Sport über den Kunstmarkt bis zu Geisteswissenschaften und Motorexperten, den Frankfurter Lokalteil nicht zu vergessen, kann die Zeitung ein breites Spektrum anspruchsvoller Klientelen bedienen. Sie kann es sich leisten, dabei keine Gesinnung einzufordern – wie es die *Welt* mit ihren Texten immer getan hat –, sondern sie kann sich mit der stillschweigenden Annahme begnügen, diese Klientelen seien auch staatstragend, mögen sie in Gottesnamen den politischen Teil übersehen oder gleich wegwerfen. Schwinden schon die politischen Lebensbedingungen für die zunehmend wahnhafte Kerndoktrin der Zeitung, so hat sie das durch eine in der deutschen Pressewelt einzigartige Fähigkeit zur Expansion und zur Integration wettgemacht. Die zahlreichen Attacken gegen sie beweisen im Rückblick vor allem eines: Die *Frankfurter Allgemeine* ist fast immer unterschätzt worden.

Die Spekulation ist nicht zu umgehen, ob die Diversifikation ihrer vielen Interessen und Klientelen die *Frankfurter Allgemeine* vor ernstgemeinten Ausflügen in eine nationalistisch-gesamtdeutsche Irredenta bewahren könnte, wenn sich hinreichende Opportunitäten und Versuchungen bieten. Die Chancen dafür nehmen jedenfalls zu, seit die Bindungskräfte des parteipolitischen Konservatismus schwinden und auch die sich zunehmend internationalisierende Wirtschaft Bonn und Frankfurt nicht mehr so fest an der Kandare hält. Daß die Zeitung entsprechende Stimmungen kitzelt und nicht nur durch Leserbriefe befriedigt, versteht sich. Vorläufig kann sie das nur mit ihren sehr altgedienten Kräften tun, und auch die Sprache, die ihr dafür zur Verfügung steht, ist nicht die frischeste. Von ein paar Herausgebern abgesehen, kann die *Frankfurter Allgemeine* das deutsche Sentiment nur durch Schreiber des zweiten oder dritten Ranges bedienen lassen. (Ohnehin wird in allen anderen Teilen der Zeitung besser, moderner geschrieben als im politischen Teil und in den Leitartikeln.) Aber das ist keine Garantie, und auch hier gilt, daß man die *Frankfurter Allgemeine* nicht unterschätzen soll.

Henry Kissinger hat einmal gesagt, die Bundesrepublik sei eine Ökonomie auf der Suche nach einem Daseinszweck. Er hat damit die Inhaltslosigkeit des Politischen in der Republik ohne Republikaner beim Namen genannt. Es ist das, was auch die *Frankfurter Allgemeine* repräsentiert: Die leidlich funktionierende Demokratie der reinen Routine, ohne eigene Vergangenheit und ohne Sinn für eigene Zukunft. Aber auch den reichen Wohlfahrtsstaat, in dem die Kultur gepflegt und die historischen Museen gehegt werden wie sonst nirgends in der Welt.

Innerlich und machtgeschützt, so hat Thomas Mann in den Jahren zwischen den Weltkriegen gelegentlich das Wesen des deutschen Bildungsbürgers gekennzeichnet. Er hatte dabei noch den Wilhelminismus vor Augen und den Rückzug der Bürgerseele ins Refugium der Kultur, das sich die waffenstarrende Macht mangels politischer Substanz leistet. Von diesem Epigonentum des Wilhelminismus hat sich erstaunlich viel in die zweite Republik herüberretten können. Die heutige Parole dieser Wohlfahrtsökonomie, die weder einen politischen Konservatismus noch eine politische Fortschrittskraft ausbilden konnte, heißt ja nicht von ungefähr ›politische Kultur‹. Die *Frankfurter Allgemeine* ist der trefflichste Ausdruck dieses deutschen Epigonentums ohne Vorgänger. Und auch über den nötigen Schuß Wilhelminismus verfügt sie noch immer.

DIE ZEIT – ein Ersatzprofil

Intellektuelle, welche sich die *Frankfurter Allgemeine* halten, werfen bekanntlich den politischen Teil gleich weg und greifen zuerst zum Feuilleton. Übrigens zu ihrem eigenen Schaden. Dem politischen Teil der ZEIT ist ein gleiches Glück bei seinen intellektuellen Lesern versagt: Nämlich lebhafte Gefühle des Widerwillens auszulösen, denen aktiv vorgebeugt wird. Nachdem man die fünf- bis sechshundert Gramm, die das Blatt in guter Saison auf die Waage bringt, erst einmal gut hat abhängen lassen, werden die ersten Seiten nur beiseite gelegt. Und beiseite bleiben sie denn auch liegen. So wird gelesen: erst das Magazin, dann das Feuilleton, dann die gemischten Fetzen der Gebrauchskultur, dann die Wirtschaft und, mit Zähneknirschen, das Dossier. Bis man, falls man es vorgehabt haben sollte, zur Politik und den Leitartikeln kommt, ist die Woche um und die neue Ausgabe da. Da ihre ersten Seiten denen von der Vorwoche zum Verwechseln ähnlich sehen, darf man diese beruhigt dem Vergessen überantworten. So setzt es sich von Woche zu Woche fort, so zieht sich die ZEIT-Lektüre durch das Jahr. Und so wird das politische Bewußtsein seiner Leser durch das große liberale Wochenblatt geprägt.

Man kann darüber streiten, ob es in der Bundesrepublik eine Intelligenz gibt. Richtiger wäre es wohl, von mehreren Intelligenzen zu sprechen. Wenn es aber die eine deutsche Intelligenz geben sollte und wenn man ihr Synthese in einem gedruckten und damit vermutlich geistigen Produkt suchen wollte, man käme am ehesten auf DIE ZEIT. Sie repräsentiert mehr als die *FAZ*, mehr als der *Spiegel*, mehr als die *Süddeutsche* – nein, nicht *die* Intelligenz, eher ihre intellektuellen Ansprüche, ihre Kulturmoral, ihr Geistesklima. Sie ist, wenn man schon vergleichen muß, *das* Intelligenzblatt der Deutschen.

Intellektuelle, denen im Grunde alle Intelligenzblätter zuwider sind, neigen im Zweifelsfalle dazu, der *Frankfurter Allgemeinen* den Vorrang zu geben. Ob man sie mag oder nicht, man muß sie ernst nehmen. Sie zeigt, wie sich die Macht im Lande zeigt – und wie der Geist ihr zugeordnet ist. DIE ZEIT kann das nicht und will das nicht. Sie stellt lieber raumgreifend dar, was nach ihrer Meinung die lesende Intelligenz innerlich bewegen sollte. Sie benutzt nicht; sie greift nur höchst ungerne an, sie will um Himmels willen nicht geistreich sein, sie manipuliert nicht, sagen wir, nicht absichtlich. Kurz, sie ist eine Zeitung für die Intelligenz, für die nach heutigen Maßstäben gebildeten (Mittel-)Stände, und das heißt nicht gerade für Intellektuelle. Das hat direkt etwas mit dem Beiseitelegen des politischen Teils zu tun. Wer sich von der Bundesrepublik eine beruhigende Außenansicht verschaffen will und meint, für dieses Bild seien die Bedürfnisse der Intelligenz von Belang, der muß DIE ZEIT lesen.

Am Ende der langen Weltwirtschaftskrise, die das Intelligenzblatt mit ständiger Besorgtheit und mit wachsendem Auflagenprofit beobachtet hat, steht das Wirtschaftsunternehmen der ZEIT in kräftiger Blüte. Ihrer prosperierenden Leserschaft geht es ebenso. 450 000 Exemplare werden jetzt jede Woche verkauft. 42 Prozent davon werden von Firmeneigentümern, Wirtschaftsführern, Angehörigen freier Berufe und höheren Beamten gelesen. Netto viertausend Mark und mehr verdienen 44 Prozent der Leserhaushalte. Der ZEIT-Verleger Gerd Bucerius in einem Interview: »Unsere Zielgruppe wird eher größer, weil Bildungsniveau und Einkommen steigen. Wir sind nicht so viel besser als vor zwanzig Jahren, aber unser Leserkreis wächst. Das ist die Gruppe der relativ Wohlhabenden und Aufstrebenden. Die Nation ist besser geworden.«

Daß die Nation im Wohlstand besser geworden sei und voran die ZEIT-Leser, dementiert die Redaktion jede Woche. Dieses Dauer-Dementi des Produkts gegen seinen Verleger hat DIE ZEIT, die während der zweieinhalb Nachkriegsjahrzehnte des großen Wirtschaftswachstums aus den Überschüssen des STERN alimentiert werden mußte, seit 1975 selber wieder ertragsstark gemacht.

Mit der großen Krise setzte für DIE ZEIT, die das Krisenwesen moralisch beherrschte wie keine andere bürgerliche Zeitung, der eigene Wohlstand ein. Um die 260 000 hatte die Auflage noch 1970 betragen. 1975 war sie auf 352 000 geschnellt, seitdem wurden es noch einmal 100 000 mehr. Die Übereinstimmung mit den relativ Wohlhabenden und Aufstrebenden in der Krise über die Krise – nein, es war wohl kein Erfolgsrezept, keine publizistische Strategie. So etwas würden die ZEIT-Macher auch ablehnen. Es war eher ein gegenseitiges Sich-Finden zwischen der deutschen Intelligenz und der ZEIT. Was die Aufstrebenden zur ZEIT lockte, war neben anderem auch das ZEIT-Magazin. Zu Beginn der siebziger Jahre von Bucerius als Anzeigenmagnet eingerichtet, hält es heute mit mehr als neunzig Prozent das größte Leser-Interesse unter allen »Büchern« der ZEIT. »Bücher«, so werden im Hamburger Pressehaus die einzelnen Ressorts oder Sektionen der Zeitung genannt. Die Leser-Lust am Magazin hängt zusammen mit dem Leser-Alter. Da sieht DIE ZEIT jünger aus als sie ausschaut. Die größte Lesergruppe findet sich unter den Zwanzig- bis Neunundzwanzigjährigen, es folgen die Vierzig- bis Neunundvierzigjährigen. Die relativ wenigsten Leser kann DIE ZEIT in der Intelligenz über fünfzig gewinnen. Die jüngere Intelligenz, die unter fünfzig, ist überrepräsentiert.

Freilich: Die relative Jugendlichkeit der ZEIT-Bezieher, kombiniert mit dem Lektüre-Eifer fürs Magazin, das reicht noch nicht aus zur Unterstellung, daß der Erfolg sich einer gelungenen Bedürfnisbefriedigung verdanke. Der Erfolg setzt sich komplizierter zusammen. Die Unlesbarkeit der ersten Seite gehört auch dazu. DIE ZEIT, so selbständig ihre einzelnen Bücher von den Redaktionen gemacht werden und so unterschiedlichen Anklang sie finden, ist ein rundes Ganzes. Sie wird – die ZEIT-Leute sprechen gerne von der ZEIT-Familie – von einem bindungsstarken Familiengeist beherrscht. Als dieses Ganze trifft sie sich mit der deutschen Intelligenz.

Stimmt es also nicht, wenn Gerd Bucerius sagt: »DIE ZEIT hat immer etwas außerhalb der deutschen Entwicklung gestanden.«? Es stimmt nicht und stimmt doch. Beides ist richtig, weil DIE ZEIT während der vergangenen vier Jahrzehnte beständiger geblieben ist als die Zeiten, als die Zustände. Und wenn die Abonnementsneigung der Leser zu ihr so erheblich zugenommen hat, dann deshalb, weil sich die Intelligenz der ZEIT mehr angepaßt hat als DIE ZEIT den Zuständen. Von denen man, da man auf die Intelligenzblätter angewiesen ist, freilich nicht recht weiß, wie sie aussehen.

Anders gesagt: Der Resignationsgrad der liberalen Intelligenz ist gestiegen, bis er den der ZEIT eingeholt hat. Darin steckt eine Prognose: Mit der ZEIT kann es nicht mehr aufwärts gehen.

Diese Behauptung verlangt mehrere Erklärungen. Fragen wir also: Zuerst – wie es sich schon aus der Prognose ergibt: Wie modern ist DIE ZEIT, wie ist sie an der Zukunft interessiert, wie wird

Modernität vom Printmedium ZEIT dargestellt? Zum zweiten: Was ist das Politische an der ZEIT? oder, in einer Formulierung, die von der ZEIT selber nicht geschätzt wäre: Was ist ihr Begriff vom Politischen? Und schließlich: Was meint DIE ZEIT mit Kultur?

Auskünfte darüber wären auch Auskünfte über die deutsche Intelligenz. DIE ZEIT, als ein Milieu begriffen, ist ein beträchtlicher Teil von ihr. Die anderen muß man sich daneben denken: Das Milieu der *Frankfurter Allgemeinen,* das Milieu des *Spiegel,* das Milieu der *Süddeutschen,* der *Frankfurter Rundschau*, das Milieu der *taz*. Das letztere ist übrigens das einzige neue, das während der letzten Jahrzehnte entstanden ist. Sonst jedoch ist die Zahl der Intelligenz-Milieus, die sich mit dem Namen einer Zeitung oder einer Zeitschrift verbinden, geschrumpft. Verschwunden ist zum Beispiel das Milieu des linken Katholizismus, dem die *Frankfurter Hefte* und später die kurzlebige Wochenzeitung *Publik* seine Stimme verliehen haben. Zum größten Teil absorbiert ist auch das liberal-protestantische Intelligenz-Milieu zwischen dem *Deutschen Allgemeinen Sonntagsblatt* und der ZEIT selber, die ja in ihren beiden ersten Jahrzehnten von diesem Milieu getragen und inspiriert war. Schon vergessen ist das liberal-konservative Milieu der *Deutschen Zeitung,* das sich zu Ende der fünfziger Jahre aufgelöst hat. Auch DIE WELT gehörte zu diesen Milieus. Keine Zeitung, kein Intelligenzmilieu hat von diesem Schrumpfen mehr profitiert als DIE ZEIT.

Kommen wir zur ZEIT, zu ihrem Begriff des Politischen: »Wir sehen uns am liebsten zwischen den Fronten. In unserer heutigen Welt der Überinformation versuchen wir, was in vielen Informationsbröseln täglich serviert wird, einzuordnen und die Entwicklung mit zu beeinflussen.« So der bescheidene Anspruch, bekannt vom Chefredakteur in einem Interview. Wie schafft es das Intelligenzblatt mit 450 000 Käufern die Woche, zwischen die Fronten zu geraten?

Auf der ersten Seite schon müßte es sich beweisen, sie macht in einer deutschen Wochenzeitung den Ton. Angeschlagen wird er hier besonders oft vom Chefredakteur, von seinem Stellvertreter, der auch zuständig für das Innenressort ist, und von der Mitherausgeberin, seit Jahrzehnten eine Autorität der Außenpolitik. Damit der volle Ton der ZEIT erklingen kann, sind drei Elemente vonnöten, mindestens zwei davon unentbehrlich:

– die erste Person Plural, des Plurals der deutschen, bisweilen auch der westlichen Gemeinschaft;

– der historische Atem, die Erhöhung des gegenwärtigen Problems durch weiten Rück- oder Vorausblick, am besten beides;

– der Appell; gerichtet an uns oder an den Zeitgeist. Wenn der Appell an uns gerichtet ist, wird er gerne durch ›die Last der Geschichte‹ verstärkt. Niemand im Lande weiß diese Last so wirkungsvoll zu tragen wie DIE ZEIT.

Eine kleine Zitate-Kollektion, ausgesucht und aufgeblättert ohne allzuviel Mühe und böse Absicht. Nummer 4 vom 20. Januar '89: »Das Regime in der DDR hat unter dem Damokles-Schwert der Wiedervereinigung der lebenden Generation die Freiheit vorenthalten und würde sich gewiß nicht scheuen, den Enkeln und Urenkeln das gleiche Schicksal zu bereiten. Nach vierzig Jahren müssen wir einsehen, daß Adenauers Versprechen, die Politik der Stärke werde zur Wiedervereinigung führen, dieses Ziel nur blockiert hat. Wir müssen umdenken.«

Das Thema dieses Leitartikels: »Wiedervereinigung oder Europäische Union – keine Alternative mehr«. Haben wir uns in der Ausgabe vergriffen, etwa um zwanzig Jahre? Im selben Wortlaut hätte man das auch damals auf Seite 1 der ZEIT finden können. – Eine Woche zurück: Nummer 3 vom 13. Januar: »Da mögen wir tausend Ausflüchte suchen: daß andere doch auch Gas eingesetzt haben; daß wir selber auf die Herstellung chemischer Kampfstoffe feierlich Verzicht leisteten; daß nun einmal zwischen Produktionsanlagen oder Grundstoffen für die Erzeugung von Pestiziden oder Herbiziden und Anlagen oder Ausgangsstoffen für die Herstellung von Giftgas kein großer Unterschied ist; daß sonst eben andere liefern würden. Das stimmt alles. Aber auch hier können wir die Last unserer Geschichte nicht einfach abstreifen. Die bloße Denkmöglichkeit, daß mit westdeutscher Hilfe erzeugte Chemie-Kampfstoffe auf Raketen, die in syrisch-argentinisch-westdeutscher Zusammenarbeit entstehen, gegen Israel eingesetzt werden, muß uns das Blut gerinnen lassen.«

Eine Woche zurück: Nummer 2 vom 6. Januar '89. Umwelt-Politik ist das Leitartikel-Thema: »Wenn unsere Welt überleben soll, muß aus Weltpolitik Umweltpolitik werden«.

Diesmal lauten die wöchentlichen ZEIT-Appelle ›an uns‹ unter anderem so: »Wir müssen Abschied nehmen von der bequemen Vorstellung, ›Entwicklung‹ könne bedeuten, allen 5,1 Milliarden Erdbewohnern unseren Lebensstandard zu bringen. – Umweltschutz muß zu Hause anfangen. Ohne größere Glaubwürdigkeit der Besitzenden wäre das Zusammenwirken mit den Habenichtsen von vorneherein zum Scheitern verurteilt. – Wenn wir nicht endlich vernünftig werden, so werden es die heute Geborenen noch erleben: die Aufheizung der Atmosphäre, den Anstieg des Meeresspiegels ...« Aber ...

»Ein Patentrezept gibt es nicht. Eine Welt-Diktatur wäre keine Lösung. Internationale Kooperation tut not ... – Niemand darf von derlei Programmen gleich umstürzende Verbesserungen erwarten.« Aber ...

Wenn dem Bundesumweltminister von seinem Redenschreiber derlei vorgesetzt würde, wäre der schnell versetzt. Blättern wir im führenden liberalen Intelligenzblatt um eine Woche zurück: Nummer 1 vom 30. Dezember '88: »Unsere Generation hat in der Tat ein Rendez-vous mit dem Schicksal. Es liegt bei ihr, den angstvollen Zustand zu beenden, der in den zurückliegenden Jahrzehnten geherrscht hat: den ewigen Kalten Krieg; die – von vielen so empfundene – neue Vorkriegszeit; überhaupt das große Schisma, das Europa seit der Russischen Oktoberrevolution geteilt und getrennt hat. Es liegt bei dieser gegenwärtigen Generation, eine neue Seite aufzuschlagen, ein neues Kapitel zu beginnen und es mit den neuen Themen vollzuschreiben. Die Generation der Heutigen darf dieses Rendez-vous nicht verpassen. Die alte Epoche ist zu Ende; jetzt müssen wir der neuen ins Dasein helfen ...«

Nun, das war die Neujahrsnummer. Etwas Tremolo darf man sich da gestatten. War die Weihnachtsausgabe zurückhaltender? Nummer 52 vom 23. Dezember '88: »Nicht jede Zeit findet ihre herausragenden Köpfe, und glücklich mögen sich jene Gemeinwesen dünken, die derzeit keine Helden brauchen. Trotzdem müssen sich gerade die demokratischen Gesellschaften prüfen, ob ihnen ihr Gleichklang, ihr zähes Normalmaß nicht auf lange Sicht zum Schaden gereicht. – Wenn das verständliche Sekuritätsstreben zu einem blassen Absicherungsschema verfällt, wird kaum noch jemand den Mut und das eigenständige Denken aufbringen, ohne die verantwortungsvolle Politik niemals betrieben werden kann. –

Wir haben in der Geschichte, auch in der jüngsten Geschichte, bedeutende Politiker scheitern sehen, gewiß. Und doch wirkte allein ihr Streben elektrisierend auf die Zeitgenossen . . .«

Überschrieben ist dieser Weihnachtsleitartikel des liberalen Intelligenzblattes, dem der letzte Altbundeskanzler als Mitherausgeber dient: »Eine Ahnung von historischer Größe – Politik als Beruf: Vom Gang des Weltgeistes und der Kraft des Individuums«.

Eine weitere Woche zurückgeblättert. Im Advent könnte es nüchterner zugehen. Nummer 51 vom 16. Dezember 1988: »Richtig ist allerdings, daß das Bedrohungsempfinden nachgelassen hat. Nicht jedoch, weil wir alle zu Memmen geworden wären, sondern weil die ›Barbaren‹ nicht länger unsere Mauern berennen. Wir sind nicht eingelullt, sondern zu Recht zuversichtlich: Die Gefahr ist abgeklungen. Andere, größere Gefahren als die eines Angriffs aus dem Osten bedrohen uns: Hunger, Elend, Umweltvernichtung, Klima-Katastrophe, Energieversorgung . . . Jetzt kommt es darauf an, der Vernunft eine Gasse zu bahnen. Dreierlei sollte der Westen tun: . . .«

Geduld. Muß doch einmal eine Woche in der ZEIT kommen, da es ohne die große historische Stunde, ohne den Appell an die Wir-Gemeinschaft gelingt. Also die Nummer 50 vom 9. Dezember '88: »Wir sollten aufhören, so zu tun, als werde Gorbatschow morgen stürzen – als lohne es sich gar nicht, auf seine Neuerungen, seine Initiativen einzugehen. Trotz allen innenpolitischen Problemen ist er außenpolitisch sehr beweglich. Es ist der Westen, der verlegen auf der Stelle tritt. Warum nicht lieber die Chance ergreifen, die sein Neuansatz bietet? Dies ist das beste, was die Demokratien tun können, um ein Scheitern Gorbatschows zu verhindern.«

Noch ein Versuch. Die Nummer 49 vom 2. Dezember '88: »Zwar sieht die Zukunft sehr viel heller aus als im Jahr 1983; das Klima der Welt ist entspannter, die wirklichen Probleme treten stärker hervor, Politik beginnt allmählich wieder, ihren rechtmäßigen Platz einzunehmen . . . Fest steht nur eins. Der Westen, die Welt, muß alles tun, um einen evolutionären Prozeß zu fördern. Dazu gehört vor allem eine zügig ausgehandelte Abrüstung. Sie darf nicht verzögert werden.«

Geben wir ihr noch eine Chance. Die Nummer 48 vom 25. November '88: In der Tat, diesmal, es geht um die Berufung von Rita Süssmuth, zum erstenmal kein ›Wir‹, keine große Anrufung, kein

Atem der Geschichte, nur der ergreifend schlichte Schluß: »Rita Süssmuth geht einen Opfergang. Die Bürger haben ihr dafür mehr zu danken als der Kanzler.«

Das weckt Erwartungen. Gehen wir also noch eine Woche zurück, zur Nummer 47 vom 18. November '88. Doch da bricht es wieder los, und das hätte man wissen müssen: Jenninger-Woche. »Die braune Vergangenheit läßt uns noch lange nicht los – Schon gar nicht gibt es ›Bewältigung‹ im Sinne von Vergessendürfen – Die Nachfahren dürfen sich jedenfalls nicht in die Ausrede – Die Lehren jedoch aus Krieg und Holocaust – Manchmal schleicht sich Zweifel ein, ob wir sie wirklich noch beherzigen – Sind wir mit dem Brandmarken und Ausgrenzen nicht schon wieder . . .« – Was die Woche davor zu erwarten war, in der Nummer 46/88, war auszurechnen: 11. November ist das Datum, also: »Im Schatten der Schande – auch einen ›linken‹ Antisemitismus – in erster Linie dazu benutzt, das eigene Erbe abzuschütteln – Gewiß, wir Nachgeborenen haben nicht – historische Stachel sitzt noch viel zu tief . . .«

Genug. Eine liberale Zeitung kann das nicht sein. Wenn sie selber sich als solche versteht, wenn ihre gewichtige Leserschaft sie so bezeichnet, dann liegt der Liberalismus dieser Zeitung etwas abseits vom übrigen Westeuropa. So zu schreiben, so ihr Publikum anzureden, wäre keine der großen liberalen Zeitungen in Europa fähig: Nicht der *Corriere,* nicht *Le Monde,* nicht *The Independent,* nicht *el Paìs,* nicht *L'Express,* nicht die *Neue Zürcher.* Und keine Leserschaft in Europa, die sich als liberal bezeichnen ließe, würde das hinnehmen.

Schon das erste Gebot des liberalen Journalismus ist den Leitartiklern der ZEIT, ist überhaupt dem ZEIT-Begriff von bürgerlicher Öffentlichkeit fremd: Die Distanz zwischen dem Staat, den Institutionen, und der zivilen Gesellschaft nie zu verwischen, sie auch in der Republik immer bewußt zu halten. In der politischen, in der öffentlichen Sprache der Demokratie kann es ein *Wir,* das die Institutionen und gar die Regierung einbegreift, nicht geben. Der Publizist, der im Einvernehmen mit dem *Wir* schreibt, hat seine Liberalität hingegeben. Er hat sich in volksgemeinschaftlicher Anbiederung immer schon auf die Seite einer massendemagogischen Politik gestellt, selbst wenn er mit dem *Wir* nur ans Gewissen und ans Beste im lesenden Menschen rühren wollte. Weil den führenden Schreibern der ZEIT dieses erste Gebot des Liberalismus nicht unter der Haut sitzt, kommen sie auch mit anderem nicht zurecht, was der liberale Journalist zu wissen hat:

- daß es sich nicht gehört, die Bürger oder gar unbestimmte Kollektive in aller Welt zu moralischem Verhalten und zur Vernünftigkeit aufzurufen – soferne nicht gerade die Verfassung oder die Nation in Gefahr sind. Was bekanntlich selten passiert. Die erste Seite der ZEIT, immer in der totalen Verantwortung, ruft fast jede Woche;
- daß es zumindest schlechter Geschmack ist, die Zukunft zu beschwören, welche auch immer, um die Leser und überhaupt *Uns* zu vereinigen. Doppelt unmöglich ist das, weil es sich ja meist um die schlimme Zukunft handelt;
- daß der intellektuelle und politische Anstand dem Liberalen verbietet, sich nach der Kritik eines Übelstands auf den bloßen Appell zum Umdenken zurückzuziehen. Alle Übel der Gegenwart, die in der Presse verhandelt werden können, haben ihre institutionelle Seite, haben ihre Mittäter und Mitwisser. Sie sind vom Journalisten in Zuständen und Personen zu benennen. Das ›Mensch-ändere-dich‹ als letzte Konsequenz öffentlicher Anklage hat immer einen defaitistischen Konservatismus hinter sich.

Die heimliche Lust an der eigenen Ohnmacht, seit jeher ein Seelenbestandteil der deutschen Intelligenz, würzt die Grundstimmung der ZEIT-Leiter. Das war nicht immer so. Als DIE ZEIT noch weniger Leser hatte und die ZEIT-Intelligenz noch weniger repräsentativ war als heute, als die Nation nach der Logik von Gerd Bucerius noch schlechter war – da war auch der politische Teil des Intelligenzblattes straffer, energischer, politischer. Man darf also vermuten, daß die 450 000 Leser heute um einiges weniger liberal sind als die nur 250 000 Käufer vor fünfundzwanzig Jahren.

Wer will und es sich leisten kann, mag selber nachsehen, wie es immer so gegangen ist. Und wenn er die Kraft aufbringt, wird er auf die Nummer 21 vom 17. Mai ’74 vorstoßen, in der sich der Chefredakteur, vordem Gehilfe des Verteidigungsministers und heutigen Herausgebers Schmidt, ein letztes Mal an den ›lieben Helmut‹ wendet – der war gerade Bundeskanzler geworden:

»Ich bin damals zur ZEIT zurückgekehrt, als der Weg der Bundeswehr in die Zukunft trassiert war. Heute noch bin ich Ihnen dankbar, daß Sie mir dies nie als Fahnenflucht ausgelegt, sondern stets meine Ansicht geteilt haben: daß die Redaktion einer großen Zeitung ebenso Dienst an unserem Lande sei wie die Leitung einer Ministerialabteilung – daß es aber leichter falle, in Bonn Abteilungsleiter zu finden als anderswo Redaktionschefs.« Und dann ein Vorausruf an den künftigen Spitzenmann der ZEIT-Familie: »Ich weiß freilich auch, daß in Ihrem Wesen Abgründe schlummern. An niemanden, nehmen Sie mir das nicht übel, erinnern Sie mich so sehr wie an Franz Josef Strauß. Derselbe scharfe Intellekt, dieselbe angriffslustige Polemik, dieselbe Kunst der Rede. Freilich, Sie sind disziplinierter ...«

Dem letztgelobten Kraftgenossen sollte, wieder vierzehn Jahre nach vorn geblättert, der Redaktionschef – am 7. Oktober '88 – nachrufen: »Auch jene Bürger unseres Landes, denen Franz Josef Strauß im tiefsten Inneren unheimlich war, dürfen an seinem Sarge klagen: Die politische Landschaft der Republik ist ein gutes Stück flacher geworden. Ein Titan ging dahin. Geblieben ist Mittelmaß.« Das wäre der *Frankfurter Allgemeinen* nicht gelungen. Der Gegen-Titan und heutige Herausgeber der ZEIT wird sich wohl gefragt haben, wie's dann bei ihm klingen wird. Wie doch in drei Sätzen der deutsche Unterwerfungsdrang dieses Liberalismus zutage kommt!

Bei solchen Gelegenheiten zeigt sich auch, daß der angelsächsische Touch, den sich die ZEIT-Politik unter dem hanseatischen Wappen gerne beilegt, nur angesprüht ist. Die Große-Männer-Verehrung, die sich selbst erniedrigt – die ständige Seelenvereinigung mit dem Leser – der prinzipiell moralisierende Artikel-Schluß – die Weitschweifigkeit, die Unfähigkeit zur Lakonik: Der britischen und der amerikanischen Presse gilt all das als Untugend, als Mangel an Disziplin, ja als Charakterschwäche.

Die politische ZEIT-Führung ist zutiefst konfliktscheu, harmoniebedürftig und ängstlich um Integration bemüht. Versehen mit einem Herausgeber, der als Regierungsmann ein politisches Tier war wie sonst während der Nachkriegsjahre nur noch drei oder vier, ist DIE ZEIT heute politisch zahnlos. Ließe sich »apolitisch« steigern, verdiente DIE ZEIT mitsamt dem Intelligenz-Milieu, das sie repräsentiert, den Superlativ. Sie ist im Kreise der Intelligenzblätter, der FAZ, des *Spiegel*, der *taz*, der *Süddeutschen*, das apolitischste. Begreiflich, daß DIE ZEIT sich selber für höchst politisch hält, für das große Oppositionsblatt gegenüber der Wende-Regierung. Erstaunlicher schon, daß sie von einer so großen Leserzahl dafür gehalten wird, ja von einem beträchtlichen Anteil der politischen Klasse und Leuten der Regierung.

In der nachbürgerlichen Öffentlichkeit, in der die großen Zeitungen mehr und mehr Ersatz für die nicht mehr stattfindende Politik leisten und vorspielen müssen, werden auch die politischen Leidenschaften etwas Künstliches, Abgeleitetes, Sekundäres. Ebenso die Lasterhaftigkeit, die ja nun einmal zum Politischen auch gebraucht wird. So beriechen die Leser ihre Intelligenzblätter nach ihren Sekundär*un*tugenden: Die FAZ nach ihrer autoritätssüchtigen Verratsschnüffelei; die *taz* nach ihrem infantilen und zugleich kleinbürgerlichen Zynismus; den *Spiegel* nach seiner verderbten General-Vermutung, daß nur Interesse die Welt regiere. Bei der ZEIT kommt niemand auf die Idee, ihre Schreiber würden von politischen Lastern getrieben. Sie lebt ganz von politischen Sekundärtugenden: Ihrer Unfähigkeit zu zähem Vorurteil, zum politischen Feind – vor Carl Schmitt bewahre uns; ihrer ständigen Besorgtheit um konfliktlosen und moralisch keimfreien Fortschritt, eine Besorgtheit, welche noch jeder Idiotie abhelfen will: durch Entwicklung und Erziehung; ihren unendlich erneuerungsfähigen Schuldgefühlen als einem moralischen Jungfernbrunnen für die allwöchentliche Weltdiagnose. Kurz, die ZEIT-Politik ist die letzte, seit langem schon sitzengebliebene Musterschülerin der Reeducation-Anstalt aus den Nachkriegsjahren (die freilich vom damals geschäftsführenden Personal nicht durchlaufen werden mußte).

Robert Musil raisonnierte einst über die Nützlichkeit des Versuchs, »wenn man den Verbrauch an Moral, der (welcher Art sie auch sei), alles Tun begleitet, einmal auf das äußerste einschränken und sich damit begnügen wollte, moralisch nur in Ausnahmefällen zu sein, wo es dafür steht.« Wenn man in allem übrigen über sein Tun nicht anders dächte als über die notwendige Normung von Bleistiften oder Schrauben, dann würden »aus dem Bild des Lebens die faden Abzugsbilder verschwinden, die aus der blassen Ähnlichkeit entstehen, welche die Handlungen mit den Tugenden haben.« Es würde dann »von jedem Zentner Moral ein Milligramm einer Essenz übrigbleiben, die noch in einem Millionstelgramm zauberhaft beglückend ist.«

Der gelernte Ingenieur Musil, vermutlich ein Keynesianer, konnte noch in Kategorien einer nachfrage-orientierten Moralwirtschaft denken. Seitdem hat sich die Lage verschärft. Auch in Sachen Moral leben wir heute unter den Bedingungen einer supply side economy. Und so sehr mit dem Ausbau des Wohlfahrtsstaates das Anwachsen des Lehrstandes die Nachfrageseite gestärkt hat, sie kommt der Stimulierung des Moralbedarfs durch die Angebotsseite längst nicht mehr nach. Seit sich die Moral in unbekümmerter Amerikanisierung auch noch zur Ethik erheben durfte, läßt sie sich zudem deutsch-akademisieren und professionalisieren: Die Lehrstühle für Gen-Ethik, Oekolo-Ethik und Oekono-Ethik schießen ins Kraut, wo der Geschichts- und der Sozialphilosophie der Biß abhanden gekommen ist.

Es ließe sich unschwer darstellen, mit welcher Kontinuität in der Bundesrepublik der Moralbedarf, dem ja immer ein Aufwand an Apologetik entspricht, während der letzten vier Jahrzehnte zugenommen hat. An dieser Erfolgsgeschichte der Moral-Oekonomie hat keine Öffentlichkeitsagentur größeren Anteil – und Verdienst – als DIE ZEIT. Daß sie die politischen Artikulationen eines so breiten Leser- und Schreiberpublikums, einschließlich der rangierten 68er-Generation, mit ständigem Auflagenwachstum und ständiger Raumausdehnung absorbieren konnte, verdankt sie ja nicht der Qualität ihrer Information und der Schärfe ihrer Analysen, gar ihrer Geistesgegenwart. Es ist die ubiquitäre Präsenz ihres Moralangebots, der kaum ein moralfreies Erdenfleckchen entgeht, welche DIE ZEIT zum repräsentativen deutschen Intelligenzblatt macht. Der Historikerstreit, jenes schwerelose Vehikel im Professorenkonflikt als einer Ersatzpolitik, er war das genau passende Moralmedium, auf das DIE ZEIT zugeschnitten ist.

Ihre modelldemokratisch hehre Gesinnung kann die politische Leitung der ZEIT unbeirrt aufrechterhalten, weil sie in der Schreiber-Praxis ihren Zielpunkt immer weit oberhalb des Objekts anpeilt. Um was auch immer es geht, es wird zuerst in den Himmel der Ideen und die weiten Räume der Geschichte versetzt. Und so muß der Schreiber Hand in Hand mit dem Leser einen gewaltigen Sprung machen. Vom Himmel aber und aus der Geschichte kann man schwerlich auf die Erde, die chaotische Realität springen. So springt man, gut protestantisch, ins Gewissen.

Das geht etwa so: »Die Politiker aller Parteien stehen in dieser Beziehung vor der gleichen schwierigen Aufgabe. Das Thema Ausländerpolitik ist nur ein besonders augenfälliges Beispiel aus einer langen Reihe politischer Probleme, die unsere liberale Gesellschaft im Widerstreit von Aufklärung und Vorurteil austragen muß. In Wirklichkeit geht es um eine unumgängliche Modernisierungskrise. Die Renovierung unserer Sozialsysteme rührt an vertraute Besitzstände. Eine Öffnung der Gesellschaft nach außen verlangt einen Wandel unserer inneren Gewohnheiten. Der internationale Wettbewerbsdruck zwingt zur Preisgabe verfestigter Sicherheiten. Die ökologischen Probleme nötigen zur Änderung unserer Produktionsstrukturen. Die neuen Herausforderungen rühren zwangsläufig alte Ängste auf ...«

Worum ging es? Um die Berliner Wahlen vom Januar '89, gewogen in Nummer 6 vom 3. Februar. Der politische Schlußbefund: »Doch der Rückzug ins dumpfe Ressentiment, das sollte uns die Geschichte lehren, führt ins Verderben.«

Die erhabene Provinzialität, für die Ressentiments immer dumpf zu sein haben, ist nur darauf aus, über den moralischen Punkt zur Aporie zu kommen. Wer wie DIE ZEIT der Lust an der eigenen Ohnmacht auch stilistisch frönt, wird die aporetische Leitartikel-Technik beherrschen müssen, jedes politische Problem ins Ortlose, Weglose, Unentscheidbare zu führen. Wo in letzter Instanz nur noch das Gewissen, unser Gewissen, ist. Darin ist DIE ZEIT unübertroffen. Versagen wir uns nicht ein letztes Beispiel. Nochmals die Nummer 2 vom 6. Januar '89. Die Schlußsätze: »Niemand darf von derlei Programmen schon gleich umstürzende Verbesserungen erwarten. Aber der längste Marsch beginnt mit den ersten Schritten. Es ist genug geredet worden. Noch besteht eine Chance, die Probleme zu meistern. Eine kleine Chance – doch in vierzig Jahren, wenn erst einmal zehn oder elf Milliarden Menschen sich im überfüllten Raumschiff Erde zusammendrängen, wird dort selbst die Hoffnung keinen Platz mehr haben.«

Zwei Kolumnen mit etwas mehr als hundert Zeilen und insgesamt etwa 9300 Satzzeichen umfaßt der große Leitartikel; etwa halb so lang ist der zweite. Er hat damit ungefähr den gleichen Umfang wie die Leitartikel der *Frankfurter Allgemeinen*. Das ist schon das Äußerste, was ein allgemein politischer und ideologischer Leitartikel verträgt. Aller Schreibraum, der darüber hinausgeht, wird den Leitartikel zur Disziplinlosigkeit und zur Schwafelei verführen. Wer, wie DIE ZEIT, am liebsten den Leuten ins Gewissen redet, muß damit in Atemnot kommen – denn das Vokabular der Moral ist bekanntlich beschränkt. Also greift man zu Wiederholungen und zur Variation des Gehabten. Doch das hat den umgekehrten Effekt. Das polit-moralische Wort wirkt nur dann, wenn es einmal und knapp ausgesprochen wird. Dazu ist DIE ZEIT unfähig.

Weil nun aber all die vielen schönen Zeilen da sind und gefüllt werden müssen, wird von den Chef-Schreibern gerne ein Hauch von Analyse beigegeben. Bei halbwegs informierten Lesern erzeugt das jedoch Frustration, denn für irgend ergiebige Analyse eines politischen Problems reichen weder die Absicht noch in vielen Fällen die Kompetenz noch das benannte Thema.

Nicht von ungefähr weiß die erste Seite der ZEIT am besten über das größte Thema Bescheid: die Weltsicherheitspolitik. Alles, was dazu gehört, wird hier und auch auf den übrigen sechs bis acht Politik-Seiten der ZEIT überreich ausgebreitet und verhandelt. Alles, was dazu gehört, wird hier und auch auf den übrigen sechs bis acht Politik-Seiten der ZEIT überreich ausgebreitet und verhandelt. Ein Grund dafür, nicht der schlechteste, liegt in der Geschichte der Zeitung. Als sie noch ein wirklich liberales Blatt war, in den sechziger Jahren, lag ihr Hauptverdienst darin, daß sie das sicherheitspolitische Denken der Kennedy-Ära in der widerstrebenden Bundesrepublik zur Kenntnis brachte und damit dazu beitrug, die Lösung der deutschen Frage und die Ostverträge publizistisch vorzubereiten.

Heute aber läuft dieser Sachverstand der ZEIT-Politik in seiner notwendigen Abstraktheit leer. Was Herausgeber und Leitartikler noch immer so überaus bewegt, interessiert die Leserschaft nur mäßig. Und es fällt nun erst recht auf, wie wenig spezifischen Sachverstand die ZEIT ihrem politischen Teil gestattet. Es sind ordentliche Allround-Journalisten, die hier bedienen, mit guten Kenntnissen des politischen Personals – freilich längst nicht so gut wie die der FAZ –, der politischen Geschehensabläufe im Großformat, der letzten zwanzig Jahre bundesrepublikanischer Geschichte. Ihr Wissen von ökonomischen, rechtlichen, institutionellen Zusammenhängen, über das Wesen der Bürokratie und die Geheimnisse der Herrschaft aber geht über die Stereotype der Parteiendemokratie von sich selbst nicht hinaus. An die politischen Analysen, wie sie Top-*Tages*zeitungen Amerikas und Englands bieten, reichen die Journalisten der deutschen *Wochen*zeitung nicht heran.

Alle Journalisten der ZEIT-Politik würden am liebsten den Leitartikel schreiben; und da das nur wenigen vergönnt ist, gestalten sie eben ihre Artikel ein wenig ins Allgemeine. Alle lesen sie vermutlich ausgiebig andere Zeitungen und deren Leitartikel, vermutlich lesen sie jedoch nur wenig Bücher und Sachverständigenberichte. Und alle wollen sich wohl für alles offen halten, scheuen es deswegen, als Spezialisten abgestempelt zu werden. Das, was für die Tageszeitung und ihre Ressort-Redakteure oft die Not ist, daß nämlich ihr Sachverstand für die Vielfalt der zu beherrschenden Information immer zu schmal ist, daraus macht die ZEIT-Politik eine Tugend. Wenn der Chefredakteur von der Einordnung der Informationsbrösel spricht, damit das Intelligenzblatt auf seinen Lieblingsort zwischen den Fronten geraten kann, so ist gerade dies der Zeitung nicht anzumerken: Ein Ordnungsprinzip, das Wesentliches vom Unwesentlichen schiede, das oberflächliche Aktualität vom Zeit-Wichtigen trennen ließe. DIE ZEIT nimmt die Wirklichkeit, wie sie eben kommt.

Daß der politische Teil der ZEIT so geschwätzig und disziplinlos sein kann, wie er es ist, liegt zum einen am gleichgültigen Publikum, das ihn bestenfalls nicht liest. Das Niveau der schön ausgewogenen Leserbriefe ist jedenfalls niedriger als mittelmäßig. Zum andern liegt es daran, daß die führenden Politiker der ZEIT eine Konkurrenz, mit der sie sich messen müßten, nicht sehen. Es gehört zu diesem eigenartigen Liberalismus, daß er einer Kontrolle durch's Publikum und durch konkurrierende Publizistik nicht unterworfen ist. Mit anderen Worten, er schafft keine Öffentlichkeit, weil er selber keine hat.

Dem Feuilleton könnte es anders gehen. Es hat, darf man vermuten, ein anderes und vielleicht reizbareres Publikum. Und es muß sich eher mit anderen Feuilletons nach seiner Qualität vergleichen lassen – was eben für die nur repräsentierende und Gesinnung fordernde Politik nicht gilt.

Das deutsche Zeitungsfeuilleton steht heute überall mit dem Rücken zur Wand. In der *Süddeutschen Zeitung* zum Beispiel hat es seit einem Jahrzehnt praktisch aufgegeben, es hat sich auf einen Ort für gepflegte Aufführungskritik reduziert. Im *Spiegel,* der ein Feuilleton nie hatte, ist der einstmals zusammengefaßte Kulturteil längst zerschlagen. Einzige Ausnahme: Das Feuilleton der *Frankfurter Allgemeinen,* und damit einzige wirkliche Konkurrenz zur ZEIT.

Das ZEIT-Feuilleton, obwohl oder gerade weil in glücklicher Unabhängigkeit arbeitend, befindet sich in besonders schlechter Ausgangslage. Es ist umgeben von zahlreichen Sektionen, voran dem Magazin, die auf irgendeine Weise der Kultur zugerechnet werden, aber mit Kultur, wie sie ein Feuilleton meinen muß, nichts im Sinne haben: Mit einer Kultur der Werke, des kritischen Ernstes, des angestrengten Individuums, der geschulten Sprache. Die Rechtfertigung der Kulturen besteht darin, daß sie im Umgang mit den Werken die Widerstandskräfte der Individuen gegen die Einebnungen durch die Zivilisation stärkt. Dem dient auch die Kritik.

Man mag das in Gottes Namen elitistisch nennen. Ein Stück aggressiven Elitismus braucht jedes gute Feuilleton, denn es muß sich im Namen der Kultur ständig gegen alle übrigen Teile der Zeitung wehren: Gegen ihre Sprache, ihre Klischees, ihre Kompromisse gegen die Wahrheit. Jedes ZEIT-Magazin in seiner seifigen Gefälligkeit wäre ein Schlag ins Gesicht des ZEIT-Feuilletons, stünde dieses nur dort, wo es stehen müßte: auf der Seite der Kultur.

Intellektuelle ziehen im Zweifelsfalle der schmerzfreien ZEIT die verabscheute FAZ vor. Denn diese zeigt, wie sich die Macht im Lande zeigt, und wie ihr die Kultur zugeordnet ist. Das ist dem FAZ-Feuilleton gut bekommen. In heimlicher Auseinandersetzung mit der versteinerten Politik der Zeitung kämpft es ständig um thematisches Terrain, wagt immer wieder Gegeninterpretationen zum regierungsamtlichen Teil. Deshalb wirkt das FAZ-Feuilleton geistesgegenwärtiger als das ZEIT-Feuilleton. Dieses ist, auch wenn es vom Herausgeber bekanntermaßen nicht geliebt wird, allzu sanft gebettet. Es kommt nicht einmal auf den Gedanken, wider den Stachel der ZEIT-Politik zu löcken. Da ist ja auch kein Stachel. Und die ZEIT-Oberen sind, was die Kultur angeht, von ehrgeizlosem und deshalb großzügigem Hamburger Banausentum. Zwar läßt sich das Intelligenzblatt-Feuilleton gerne nachsagen, es sei links, linker jedenfalls als die Politik. Aber das ist nur ein ZEIT-Familien-Gerücht. Das ZEIT-Feuilleton hat kaum eine Chance, links zu sein.

Es sucht sie auch nicht. Es ist schwer auszumachen, welchen Anspruch es an die Kultur stellt, und an sich selbst. Aus dem Arrangement und aus der Summe der mehr oder weniger gediegenen Ereignisberichte, Rezensionen und Kulturreportagen lassen sich Kriterien oder Absichten für irgendeine bestimmte Kultur nicht herauslesen. Es ist ein orientierungsloser Querschnitt der vorhandenen marktgängigen Kulturkultur. Die Glossen und Kurzkommentare aus Redaktionsfedern wiederum sterilisieren sich allzu oft durch juxende Spötterei. So zeigen sie mehr die Ohnmacht zur Kritik als einen Willen der Kritik.

Ein halbes Jahr zurückgeblättert, neben den Politikseiten her, von der letzten Januar-Nummer '89 bis zur ersten August-Nummer '88: In diesen sechs Monaten finden sich ganze zwei Artikel von Mitgliedern des ZEIT-Feuilletons, die sich um Begriff und Möglichkeit der Kultur mühen. Beide treiben die Einsicht heraus, daß es eigentlich unmöglich sei, mit Anstand ein ZEIT-Feuilleton zu machen. »Die mißbrauchte Kraft des Schönen – Auf dem Weg in die Kulturgesellschaft«, in Nummer 48 vom 25. November '88 – so der Titel des einen. Der andere, in Nummer 41 vom 7. Oktober '88: »Stichworte zur geistigen Korruption der Zeit«.

Wie kann angesichts einer erschöpften Moderne und einer Kunst, die zum Wachstumsfaktor und zur politischen Krisendämpferin funktioniert wird, in der Kultur noch ein Widerstandsfunke geschlagen werden, fragt der November-Aufsatz: »Was steht gegen eine Kultur, die sich als Schaumteppich über die Risikogesellschaft legt und die Menschen auf alles gefaßt macht – oder gegen jede Empfindung gefeit?« – und seine seine erste Antwort lautet: »Wenn alles ›gemacht‹ ist, von unseren Träumen bis zur ›äußeren Natur‹, wenn wir nicht nur Kultur *haben,* sondern wenn buchstäblich alles Kultur ist, dann rückt neben die ›Kulturgüter‹ etwas anderes in den Blick, das wichtiger – und möglicherweise spannender ist: das Wissen über diesen Zusammenhang, ein um Sozial-, Technik- und Naturwissenschaften erweiterter Humanismus ... ›Kulturgesellschaft‹ in diesem Sinne wäre der Zustand, in dem nicht die Kompensation der blinden Veränderung, sondern die Therapie dieser Blindheit die kulturellen Phantasien trüge, nicht die ästhetische Simulation der Einheit von Individuum und Ganzem, sondern die Arbeit am Zusammenhang und die Herstellung von neuen Ganzheiten.«

Als Aufklärungsprogramm eines Zeitungsfeuilletons gedacht, wäre das die heftigste Denunziation der Kulturkultur in der ZEIT. Und auch die Konsequenz würde den Feuilletonisten das Brot entziehen: »Gegen ihre Instrumentalisierung durch Wirtschaft und Staat kann sich die Kunst nur wehren durch Weigerung oder Terrainwechsel. Sie muß den Wunsch, der die Ästhetik treibt, in Politik verwandeln, oder unbestechliche Kritik bleiben. Verzichten.«

Direkteren Weges in die Resignation und die gutgepolsterte Selbstverachtung des Kulturjournalisten führen die ›Stichworte zur geistigen Korruption der Zeit‹. In kundiger Heiterkeit werden die vielfältigen Bestechungsformen ausgebreitet, auf die sich jeder einlassen muß, der mit Geltung und Erfolg das Gewerbe des Kritikers betreiben will: »... der Betrieb ist in einer Weise korrupt, die er selber nicht wahrhaben will.« Zum Schluß die entwaffnende Gebärde: »Auch diese Redaktion sitzt im Glashaus. Zu ihren allseits beliebten Bräuchen gehört es, die Kollegen gelegentlich zu verspotten und zu kritisieren. Manche Leser empfinden das als selbstgerecht. Die Kritisierten reagieren, da niemand so empfindlich gegen Kritik ist wie Kritiker, empört. Tatsache ist, daß das kritische Gewerbe zu selten kritisiert wird. Sein Zustand ist nicht so, daß wir damit zufrieden sein könnten. Die Frage bleibt, wer zur Kritik berufen ist. Notfalls muß der Unberufene her. Und nun: Bahn frei für den ersten Stein.«

Natürlich kommt nichts, kein Steinchen. Der Bestechungskritiker sprach ja, mit kostenlosem Schuldbekenntnis gegenüber dem Laienpublikum, zu seinesgleichen, den Korrupten; und die werden einen Deibel tun. Die vollendete Harmlosigkeit, nur, wie es sich für DIE ZEIT geziemt, ein wenig skrupulös.

Selbstverachtung gehört zum Kulturjournalisten. Mit den Taten und Werken der Kunst konfrontiert, muß er immer wieder ihr Raunen hören, daß er sie in seinem Zwischenhändlerberuf verrate und verkaufe. Der Verrat an der Kunst, an der Kultur, der den Journalisten erniedrigt, ihn zum elendesten aller Schreiber macht, liegt weit vor der Bestechung durch den Kulturbetrieb. Manche unter ihnen, die den Werken verpflichtet sind, werden durch ihr Schuldgefühl zu großen kritischen Leistungen angespornt – gleichwohl, die Selbstverachtung, wahrhafte *déformation professionnelle,* bleibt. So einer war übrigens Fritz Raddatz, der in den siebziger Jahren das Feuilleton der ZEIT belebt hat. Die Feuilletonisten des Intelligenzblattes tragen ihre Selbstverachtung ebenso leicht wie die politischen Leitartikler ihre allwöchentliche moralische Bürde.

Sie tragen um so leichter, als sie zumeist nicht durch eine gründliche und prägende Ausbildung belastet sind, also nur von ihrem intellektuellen Virtuosentum leben müssen. Das fällt auf, wenn man sie wiederum mit den Kulturjournalisten der *Frankfurter Allgemeinen* vergleicht. Dort hat es immer genügend Leute mit einer gediegenen historischen, philosophischen, philologischen Bildung gegeben, was das FAZ-Feuilleton denn auch oft schwerfällig und beschwerlich gemacht hat. In geistig dürren Zeiten wie den heutigen ist das jedoch nützlich. Deswegen kann sich auch die wissenschaftliche Aufklärung heute in der konservativen FAZ großzügiger und freier bewegen als in der liberalen ZEIT, der es dafür einfach an Kompetenz fehlt. Nur zufällig erfährt das ZEIT-Feuilleton und erfahren seine Leser, was heute die Geistes- und die Sozialwissenschaften bewegt; dafür liest man die FAZ.

Die intellektuelle Disziplinlosigkeit, die dem politischen Leitartikel der ZEIT so viel Schwafelei gestattet, herrscht heute auch im Feuilleton. Dem ist von der Zeitung nachgeholfen worden. So hat es sich das Intelligenzblatt schon vor längerem erlaubt, auf einen eigenen Teil für die Literaturrezension zu verzichten. Man kann ahnen, warum. Es verlangt nämlich erhebliche Kraft und Souveränität, aus der Unmasse der Literatur- und Wissenschaftsproduktion auszuwählen, zu gewichten und Qualitätsmaßstäbe hochzuhalten, so daß am Ende eines Literaturjahres ein Ideenprofil des Feuilletons für seine Zeitung hervortritt. Raddatz war dazu in der Lage, natürlich mit all seiner Willkür, ebenso wie Reich-Ranicki von der Frankfurter Konkurrenz. Die heutige Generation der Kulturjournalisten ist um einiges zu schwach und halbgebildet, um ein System der Literaturrezension aufrechtzuerhalten, wie es schließlich für die Disziplin des gesamten Feuilletons vonnöten wäre. Und die Leser der ZEIT scheinen's zufrieden.

Zwischen Politik und Feuilleton, die im bürgerlichen Intelligenzblatt den Umgang mit Macht und Geist markieren sollen, in der ZEIT aber Ausfallserscheinungen sind, liegt noch Beträchtliches. Dem Umfang nach ist es das meiste, und im Qualitätsdurchschnitt ist es das Bessere.

So die Wirtschaft: Sie brilliert nicht gerade durch ausgreifende Analysen; mit Theorien hat sie wenig, allzu wenig im Sinn; und wenn gelegentlich der Herausgeber seine Weltperspektiven entwirft, ist es schriftstellerisch nicht eben glänzend. Ihre Stärke ist die Stimmungsreportage, Wirtschaft gehoben populär, was nicht zuletzt ein Ausweg aus einer Verlegenheit ist. Früher einmal rabiat marktliberal, in den sechziger Jahren noch katholischer als die *Frankfurter Allgemeine,* schwankt der Wirtschaftsteil der ZEIT heute bisweilen bedenklich zu interventionistischen, sozialdemokratischen Rezepten hinüber. Besser, das nicht grundsätzlich auszutragen, sondern sich mehr aufs Wirtschaftsleben als Leben zu konzentrieren. Da dieses Leben in diesem Jahrzehnt nicht wenig sensationsträchtig ist, gibt es auch viel Stoff für Wirtschaftslaien her, und der wird hier gepflegt. Sicherlich lesen heute viel mehr Abonnenten den Wirtschaftsteil als vor zwanzig Jahren.

So das Moderne Leben: Dort hat praktisch alles Platz: Gesundheitsfragen, Bildungsfragen, Emanzipationsbewegtes, Psychokultur, Moralkultur, Vergangenheitsbewältigung, Ben Witter, kurz: Zerstreuungen. Der Geist des *New Yorker* weht in diesem Hamburger Allerlei für die angebildeten Stände gewiß nicht; und viel schöner Stoff wird auch hier vertan, weil man den Schreibern zu viel Platz einräumt.

Das ist ja überhaupt das Rätsel der ZEIT: Wo in allen anderen Gazetten, von den Magazinen zu schweigen, die Journalisten täglich um ihre Zeilen kämpfen müssen, scheint es im Hamburger Wochenblatt einen Überfluß an Platz zu geben. Der ehemalige ZEIT-Reporter Cordt Schnibben, der nach seinem Weggang eine giftige Arbeitsplatzbeschreibung verfaßt hat, muß es wissen: »Jeder Redakteur schreibt ohne Platzangst, sagen wir: fast jeder, und einige müssen sogar ständig mehr schreiben, als sie wollen. Redigiert wird behutsam, manchmal gar nicht, eine gediegene Handschrift ist erwünscht . . .«

Das Ergebnis ist auch im Modernen Leben der ZEIT, daß das Zuviel an Platz für zusätzliche Moral und gesinnungsfeste Fortschrittlichkeit verwandt wird. Man weiß nicht, wie sie das ökonomisch machen, jedenfalls wird DIE ZEIT auf diese Weise immer umfänglicher, bis an den Rand der Fettsucht. Da sie keine Not hat, die zur Form zwänge, besteht diese Umfänglichkeit hauptsächlich aus Füllungen, die von einem allzu schwachen Knochenbau getragen werden müssen. Für Leser, welche DIE ZEIT noch aus ihren schlankeren Zeiten kennen, ist das ein trüber Anblick. Straffer in der Politik und der Kultur war DIE ZEIT, als sie noch einigermaßen mit dem Zeitgeist ging und nicht mit dem, was heute darunter verstanden wird, life style. Konfrontieren wir also DIE ZEIT, ehe wir nach ihrer Modernität fragen, ihrer Vergangenheit.

Als in den fünfziger, den Adenauer-Jahren der autoritäre Wohlfahrtsstaat aufgebaut wurde, unter Mithilfe der Sozialdemokratie, blieb der norddeutsche Liberalismus politisch am Rande. So konnte auch DIE ZEIT, die aus ihm entstanden war, kaum ins katholische Rheinland, erst recht nicht über die Mainlinie vordringen. Dort beherrschte der *Rheinische Merkur* das Feld. Das Rollenstichwort für DIE ZEIT kam, als die Gesellschaft nach liberaler Durchlüftung verlangte und die vereiste Außenpolitik der Bundesrepublik unter dem Druck Amerikas gelockert werden mußte. Als Kennedy kam, war gegenüber den Bonner Verkrampfungen der Atlantismus der ZEIT der modernere. Mit ihm im Bunde war der aufsteigende Helmut Schmidt, der gegen seine Partei die neue Abschreckungsdoktrin der Rüstungskontrolle verfocht – und sich schließlich durchsetzte. Dies war ja die Voraussetzung für die Lösung der deutschen Frage und die friedlichen Arrangements mit den Ost- und den Ost-Mitteleuropäern. DIE ZEIT, obwohl nie offensiv, hatte das schon früh im Visier.

Ihre politische Bedeutung verschaffte sich DIE ZEIT also in der Außen- und in der Sicherheitspolitik, hier gehörte sie zu den Modernisierern, hier hatte sie damals auch wenig Konkurrenz. Ihr Glanz als das führende Intelligenzblatt währte solange, wie die deutsche Außen- und Rüstungspolitik brauchte, um sich der Beendigung des Kalten Krieges zu bequemen und schließlich selber mitzuziehen. Das waren etwa anderthalb Jahrzehnte, grobgerechnet vom Beginn der Kennedy-Ära bis zum Antritt der Regierung Schmidt. Als der ins Bundeskanzleramt kam, war das wesentliche getan, unter seiner strategisch planenden Mithilfe.

Eine der außen- und sicherheitspolitischen Positionen publizistisch zu besetzen, das war in den fünfundzwanzig Aufstiegsjahren der Bundesrepublik die entscheidende Aufstiegsbedingung für die führenden Intelligenzblätter. Daran muß erinnert werden; denn heute gilt das nicht mehr – womit auch der politische Niedergang der ZEIT zusammenhängt.

Damit allein hätte freilich DIE ZEIT in diesen fünfzehn Jahren nicht reüssieren können, wäre sie nicht auch auf eine zweite Rolle vorbereitet gewesen: Die Rolle einer Hauptsprecherin für jene Reformen, die liberaler Initiativen bedurften, ohne dem harten Wirtschaftsliberalismus in die Quere zu kommen. Denn dieser war ja eine Existenzbedingung der ZEIT, die vor allem vom norddeutschen Handelskapital gestützt wurde. Das westdeutsche Industriekapital und die Deutsche Bank hatten von Anfang mehr auf die *Frankfurter Allgemeine* gesetzt.

Fällig waren zu Beginn der sechziger Jahre vor allem zwei Innovationen, die im Aufbau der autoritären Wohlfahrtsdemokratie nicht gebraucht und nicht gewollt worden waren. Nicht gebraucht wurde in den fünfzigern eine Reform des Bildungswesens, denn es gab genügend berufstüchtige Menschen, um den Aufbau des Produktionsapparats zu betreiben, es gab sogar mehr davon als in allen anderen Ländern West-Europas – eine nützliche Hinterlassenschaft der Kriegswirtschaft, aufgestockt durch die Massenzuwanderung aus dem Osten. Und nicht gewollt war in der Wiederaufbauzeit eine Reform der bürgerlichen Rechte, insbesondere eine Reform des Strafrechts. Auf beiden Reformfeldern konnte sich nun DIE ZEIT zum Intelligenzblatt der Stunde machen – und das Kapital bilden, von dem sie noch immer zehrt. Auf beiden Reformfeldern ist sie heute nahezu sprachlos.

Die Modernität der ZEIT in jenen anderthalb Jahrzehnten verdankte sich also diesen drei Themen, für die sie sich zum publizistischen Motor machen und die sprachführende Intelligenz an sich ziehen konnte:

- der Politik der äußeren Sicherheit und der Sprengung der selbstgewollten Isolation, damit die deutsche Frage gelöst werden konnte;
- der Politik der Bildungsreformen, um den Übergang in die Dienstleistungsgesellschaft aufs Geleis zu bringen;
- der Erweiterung der Garantie bürgerlicher Individualrechte,

die vor allem von der neuen breiten Mittelklasse beansprucht wurden.

Allen drei Modernisierungen war, wenigstens eine Zeitlang, Erfolg beschieden – und DIE ZEIT war mit vom Erfolg und vornedran. Will man die moralische Treibkraft fixieren und verorten, die diese drei Modernisierungen belebte, so wird man sie im Rückblick nirgends besser zusammengefaßt sehen als in der ZEIT: Es war der Geist des protestantischen Liberalismus oder, mit anderem Akzent, der Geist des liberalen Protestantismus norddeutscher Prägung. Dieser sehr bürgerliche Geist konnte das Versagen des deutschen Bürgertums vor dem Nationalsozialismus schwerer verwinden als etwa das rheinische und das süddeutsche Bürgertum. Die Gefühle der Schuld und der Schande, das Bedürfnis nach Entsühnung und Versöhnung, sie saßen hier tiefer als im Westen und im Süden. Zugleich der nüchterne Sinn dafür, daß zur praktischen Entsühnung die Anerkennung der deutschen Realitäten gehöre. Dieser bürgerliche Geist war es dann, der schließlich das Bündnis mit der Sozialdemokratie zustandebrachte. Sie wurde als Träger der Entspannungspolitik gebraucht, und DIE ZEIT trug viel dazu bei, sie von ihrem antinationalen Ruch zu befreien. Es ist also alles weniger als ein Zufall, daß Helmut Schmidt 1983 vom erzliberalen CDU-Mann Gerd Bucerius zum Herausgeber berufen wurde.

Das alles ist längst Vergangenheit. In der heutigen ZEIT ist es nur noch in seinen Verfallsprozessen zu erkennen. Verschwunden ist das ältere norddeutsche Bürgertum, das den Geist des protestantischen Liberalismus verkörperte – und das an DIE ZEIT bestimmte Qualitätsansprüche stellte. Die Achtundsechziger, auf die sich DIE ZEIT nun vor allem stützen müßte – als Macher wie als Leser – altern miserabel, eine ziemlich kraftlose Generation. Das führende deutsche Intelligenzblatt hat also sein Milieu verloren, es hat ein neues nicht mehr bilden können. Anzeigen- und auflagenstark, reich und umfangreich wie nie zuvor, ist diese Elite-Zeitung unter ihrer überalterten Führung erschöpft und demoralisiert. So sprechen nun ihre leitenden Journalisten über ihre Rolle, ihre Aufgabe:

Der Mann der Kultur: »Was heißt heute noch links? Vor zwanzig Jahren, um achtundsechzig herum, konnte man das noch sagen. Aber heute? Die Tabus sind längst alle verletzt. Wie will man da noch provozieren?«

Der Mann von der Innenpolitik: »Wir wollen einen Dialog mit den Bürgern dieses Landes. Auf dem Umweg über den wachen, kritischen und skeptischen Leser sucht man natürlich auch Anerkennung bei den Politikern. Wir sollten nicht Vordenker der Nation sein, aber das Denken in Gang bringen.«

Die Herausgeberin und Außenpolitikerin: »Wir in der ZEIT möchten ferner verhindern, daß der notwendige Schutz des Staates den Freiraum des Bürgers ungebührlich einengt. Die meisten Menschen wissen, daß der Staat sie schützt und daß auch der Staat geschützt werden muß, aber viele wissen nicht oder haben vergessen, daß der Bürger sich unter bestimmten Umständen auch gegenüber dem Staat und seinen Staatsschützern schützen muß.«

Der politische Liberalismus in Deutschland, wie er 1848 lebte und gegen Bismarck stritt, ist nach seiner Auflösung während der Weimarer Republik nicht wieder lebens- und organisationskräftig geworden. Die Bundesrepublik, die unter dem Gesetz des korporatistischen Wohlfahrtsstaates antrat und sich bis heute gut konserviert, hatte für ihn keine Verwendung mehr. Die Parteien dieses Namens waren nie mehr als Schatten oder Regierungsprothese. Als Ersatz für den politischen Liberalismus trat der publizistische Liberalismus ein, eine Strecke bundesrepublikanischer Geschichte lang an erster Stelle vertreten durch DIE ZEIT. Daß das Intelligenzblatt selber seine Vergangenheit nur noch schlecht verwalten kann, weist darauf hin, daß die Bedingungen nun auch für den publizistischen Liberalismus geschwunden sind. Wie erhaben die Ruine immer noch dasteht, Liberalismus ist es nicht, der sie stützt. Es würde wahrscheinlich nicht viel bedürfen, um sie zum Einsturz zu bringen. Die Frage ist nur, ob das lohnt.

Montagsmoral für Angestellte: Der Spiegel

Der Spiegel ist eine deutsche Fatalität. Die Fatalität des Deutschen Nachrichten-Magazins, ohne dessen allwöchentliche Gegenwart der Republik ein Stück ihrer selbst fehlte, ist früh erkannt worden. Bereits 1956, zehn Jahre nach der Gründung, schrieb Hans Magnus Enzensberger seinen Kommentar über *Die Sprache des Spiegel.* Seinem Befund haben die Dutzende von Analysen, die seitdem angefertigt wurden, nicht mehr viel Tiefschürfendes anfügen können.

»1. Die Sprache des *Spiegel* verdunkelt, wovon sie spricht.
2. ›Das deutsche Nachrichtenmagazin‹ ist kein Nachrichtenmagazin.
3. *Der Spiegel* übt nicht Kritik, sondern deren Surrogat.
4. Der Leser des *Spiegel* wird nicht orientiert, sondern desorientiert.«

Seinen vier Thesen stellte Enzensberger sogleich eine fünfte gegenüber: »*Der Spiegel* ist unentbehrlich, solange es in der Bundesrepublik kein kritisches Organ gibt, das ihn ersetzen kann.«

Dreiunddreißig Jahre später klingt das halb wie eine Entschuldigung jener Epoche, halb wie eine sich selbst erfüllende Prophezeiung. Weil *Der Spiegel* schon damals das war, was er ist, nämlich ein unentbehrlicher Bestandteil des Systems Bundesrepublik, konnte jenes kritische Organ nicht entstehen, das ihn ersetzt und überwunden hätte. Es gehört zu den komischen Irrtümern Rudolf Augsteins, daß er sich vom Geist der späten sechziger Jahre beflügeln ließ, aus eigenen Mitteln eine solche Publikation zu lancieren. Das scheiterte konsequenterweise schon im Vorfeld, der Magazin-Stratege war konstitutionell ungeeignet dazu. Gelingen sollte ihm später, in Nachahmung eines amerikanischen Modells, die Gründung des *Manager-Magazin.*

Enzensberger betrachtete 1956 den *Spiegel* als ein Publikationswesen für sich, als einen Organismus der Presse neben anderen Organismen. Doch er ahnte schon die Natur des Nachrichten-Magazins, die Natur einer mitherrschenden und dauerhaften Institution: »Die Feststellung, es sei unentbehrlich, kommt einer Bankrott-Erklärung nahe: sie ist von größerer Tragweite als alles, was sich über eine Wochenzeitung sagen läßt: denn sie bezieht sich nicht eigentlich mehr auf den *Spiegel,* sondern auf die inneren Verhältnisse unseres Landes insgesamt.«

Solche Sätze klangen vor drei Jahrzehnten kritisch und frisch. Der Kritiker in seiner sicheren Distanz zum Objekt konnte den *Spiegel* dafür tadeln, daß er die Gesellschaft korrumpiere, und die damalige bundesdeutsche Gesellschaft, daß sie sich korrumpieren lasse, die Korruption genieße. Heute geht das nicht mehr. Wir können auch nicht sagen, diese Gesellschaft habe seit so langer Zeit vor dem *Spiegel* kapituliert, daß jeder Vorwurf der Korruption gegenstandslos sei. *Der Spiegel* ist nicht erst, so müssen wir nun sehen, im Laufe von vierzig Jahren zu einem Teil des Fundaments angewachsen, auf dem die Bundesrepublik errichtet ist. Er war von Anfang an so gedacht. Wenn man auf Gestalt und Moral des *Spiegel* blickt, auf seine Dauerhaftigkeit und seine Wandlungen, blickt man auf bundesdeutsche Zustände, auf die ideologische Verfassungswirklichkeit der Republik.

Weil *Der Spiegel* durch und durch Institution der Bundesrepublik ist, Fleisch vom deutschen Fleische, lassen sich in seiner Beobachtung nicht Täter und Opfer, Wirkungsquelle und Adressat gegeneinander ausspielen. Die Meinungsmaschine des Nachrichten-Magazins mit ihrer nur bisweilen etwas angepaßten Software funktioniert zwar nach eigenem Konstruktionsprinzip – aber dieses Prinzip ist aus der bundesdeutschen Gesellschaft destilliert. Form und Machtpräsenz des *Spiegel* sind ja auch einmalig auf dem europäischen Kontinent, trotz zahlreicher Produkte, die ihm ähnlich sehen.

Der deutsche *Spiegel*-Leser, den sich die *Spiegel*-Macher für ihr Produkt zurechtmontiert haben, gehört zu den genialsten sozialen Erfindungen der Nachkriegszeit. Eine reine Abstraktion, ein Wahngebilde, das sich von den ewig gleich gestanzten Textkonstrukten des Magazins ernährt – doch durch den Konsum zu einer gesellschaftlichen Wirklichkeit geworden. Manche nennen dies das *Spiegel*-Geheimnis. Im *Spiegel* selber wird jeder abstreiten, es zu kennen.

Den *Spiegel* auf Beobachtungsdistanz zu bekommen, ist daher nicht leicht. An seiner dichten, eingewachsenen Selbstverständlichkeit als einer herrschenden Einrichtung im Lande gleitet der Blick immer wieder ab. Der heutige Betrachter kann seine Kritik auch nicht mehr moralisch laden, wie es Enzensberger noch einigermaßen konnte, oder doch nur mit großer Vorsicht. Und zwar aus einem einfachen Grund: Es gibt, wenn man den *Spiegel* als eine deutsche Fatalität begreifen muß, keine Alternative.

Nichts wäre andrerseits lächerlicher, als gegen den *Spiegel* eine Utopie einzusetzen. Nicht von ungefähr ist das linke Mißfallen am *Spiegel* immer abgeprallt – wenn es sich überhaupt auf ihn konzentrieren konnte. Gegen Springer, den Verschwörungsgläubigen, konnten sich Linke seinerzeit mobilisieren, weil sie hinter ihm selber die Verschwörung vermuten konnten. Gegen den *Spiegel,* der das herrschende System viel konsequenter darstellt und ausübt, fiel ihnen nichts ein. Das Magazin, das sich mit so viel Aura umgibt, ist ja auch keine Verschwörung zu irgendwelchen politischen oder ideologischen Zwecken. Dazu sind Leute, die von nichts so sehr überzeugt sind wie von allgegenwärtiger Bestechlichkeit, auch unfähig. Darin besteht ihre wahre Macht. Gegen die alte Springer-WELT ließ sich polemisieren, ebenso wie sich gegen die *Frankfurter Allgemeine* polemisieren läßt. Gegen den *Spiegel* läßt sich Polemik nicht aufbringen. Das versuchen auch nur noch ganz Unbedarfte. In der WELT und in ihrer Leserschaft kann man einen Typus personifizieren und angreifen, ebenso in der FAZ. Sagen wir in ungenauer Vergröberung: den einfacher ausgestatteten und den gehobenen Spießer. Darauf kann man reagieren, Begriffe konzentrieren. Das Nachrichten-Magazin läßt das nicht zu. Es repräsentiert nicht soziale Typen, ihre Vorurteile und Ideologien, sondern ist das Kondensat einer Kultur, in der es moralische Personenumrisse nicht gibt.

Nennen wir dieses Kondensat erst einmal die Angestelltenkultur in der Wohlfahrtsdemokratie namens BRD. Der Versuch, den *Spiegel* zu beschreiben, hat es also mit dieser deutschen Angestelltenkultur zu tun, die vom Nachrichten-Magazin bedient und geformt wird. Es ist eine Kultur, die übers Fernsehen hinaus des Gelesenen bedarf – wenn auch nicht unbedingt des Lesens. Zumindest will sie das Gesehene, dessen Chaotik nicht einmal die mächtigen Stereotypen des Fernsehens ganz umbringen können, in Ordnung gebracht bekommen: damit es beurteilt und verwertet werden kann. Das ist nur auf bedrucktem Papier zu leisten. Diese Ordnung in der Weltorientierung besorgt das Nachrichten-Magazin. In ihm kommt jede Woche die ganze Welt vor, eingeteilt und beurteilbar, vor allem aber eingestellt auf den ungeheuren Moralbedarf der Angestelltenkultur.

Der Spiegel ist ein universalistisches Medium, wie es die Angestelltenkultur braucht. Und wie es das Fernsehen mit seinen unterschiedlichen Tiefenschärfen nicht sein kann. Als Zugabe liefert das universalistische Medium eine Würzung, die der Gemütshaushalt der Angestelltenkultur schwer entbehren kann: Das lustvolle Unbehagen, sich zuviel mit dem *Spiegel* zu beschäftigen.

Es gibt vielerlei *Spiegel*-Leser mit vielerlei Lese-Begründungen. Es gibt die Leser aus beruflichen Gründen, also die Funktionäre der Öffentlichkeit: Politiker und Journalisten. Es gibt die Voyeure, die nach Enthüllungen hungern. Es gibt die ewig Unreifen, die sich am Stil des *Spiegel* festhalten möchten und an dem, was sie für Chuzpe halten. Und es gibt natürlich auch die braven Informationsbeflissenen, die von den opulenten *Spiegel*-Serien profitieren wollen. Was immer sie alle am Montag zum *Spiegel* greifen läßt, am Dienstag oder am Mittwoch Abend sind sie als ideeller Gesamtleser vereint in einem etwas unangenehmen Gefühl: Dem Gefühl, zu viel *Spiegel* gelesen zu haben.

Dieser kleine Moralkater aus *Spiegel*-Überdruß, der sich bei den Lesern allwöchentlich einstellt, bedarf eines entsprechenden Gegengifts. Es besteht in der ständigen Rechtfertigung vor sich selber und vor den anderen, warum man die *Spiegel*-Lektüre brauche. Kein anderes Nachrichtenerzeugnis bringt bei seinen Konsumenten so intensive Bedürfnisse hervor, diesen Konsum moralisch zu begründen, wie *Der Spiegel.* Ein Schuldgefühl, das Bindung schafft. Die Überkonsumption und die notwendige Übersättigung am *Spiegel* haben System.

Von seinen Skrupeln aufgrund übermäßigen *Spiegel*-Genusses bedrängt oder von der Kritik der *Spiegel*-Verächter gestellt, wird der Magazin-Leser sich in letzter Instanz immer darauf berufen, daß unterm tristen Zustand der Bundesrepublik dies schließlich die einzige publizistische Kraft bleibe, die . . .

Der Spiegel wäre nicht die mächtige Institution, die er ist, gäbe es in all dem keine Stimmigkeit, hinge das nicht alles zusammen: Die Simulation von Kritik und der Leserglaube ans demokratische Wächteramt – der Fetzen-Universalismus der stets gleich gepreßten *Spiegel*-Stories und die Überfütterung der Leser – die Überdrußgefühle und der ständige Hunger nach abgepacktem, moralisch angesprühtem Meinungsersatz – die kleine Angst vor dem Orientierungsverlust, wenn man einmal zwei Ausgaben versäumt. Das Aufregende daran ist und eben darin besteht die Selbstverständlichkeit einer sozialen Institution, daß das alles zum geringsten Teil mit Absicht, durch strategischen Plan zustandekam.

Nachdem *Der Spiegel* nun beträchtliche Jahrzehnte besteht und zur Vermehrung demokratischer Gebräuche der Deutschen das wenigste beigetragen hat – die Heldenrolle in der *Spiegel*-Affaire bekam er ja ohne viel eigenes Zutun –, wäre es an der Zeit, das fromme Argument der *Spiegel*-Gläubigen einfach umzudrehen: Solange die Meinungsführerschaft eines Magazins, das Augstein ohne Zucken ein Sturmgeschütz der Demokratie genannt hat, als oppositionell gilt und als demokratische Wachsamkeitsgarantie, solange das Land des *Spiegel* bedarf und sich seiner nicht entwöhnen kann – so lange wird es seine Augen nicht aufmachen und zu einer Gesellschaft politischer Bürger, zu einer zivilen Gesellschaft erwachen.

Die Behauptung ist längst nicht so gewagt – und auch nicht so defaitistisch –, wie sie klingt. Sie eilt nur etwas zu schnell voraus. Die Bedingungen, die den *Spiegel* groß werden ließen, zerfließen zusehends. Die deutsche Angestelltenkultur, ihre sozialen und politischen Voraussetzungen schwinden dahin. Das Wesen des Politischen, von dessen Simulation *Der Spiegel* lebte, wird immer blasser, da ist nur noch wenig zu karikieren, und das Enthüllen lohnt nicht mehr recht. Es ist dem *Spiegel* auch schon anzumerken: Sein Deutschland-Teil, das Innenpolitische, wird seit etlichen Jahren mit auffälliger Lustlosigkeit redigiert; der *Spiegel*-Sprache steht ihre ehemalige Bissigkeit, ihre Metaphernfrechheit kaum noch zu Gebote. Könnte man sich vorstellen, daß Rudolf Augstein noch einmal Jens Daniel wäre, die Feder schliefe ihm bald ein.

Es ist nicht nur die schlechte politische Konjunktur oder das Aussterben der Zampanos, der großen politischen Tiere, was den *Spiegel* so matt macht und die Normpackungen der Stories klappern läßt. In der Bundesrepublik bricht, wie auch in anderen Regionen Westeuropas, der Primat des Politischen. Diesen Primat hat auch *Der Spiegel* für sich behauptet, auf ihn war er zugeschnitten. Auch wenn *Der Spiegel* das Politische nur inszeniert und simuliert hat und bar jeder politischen Leidenschaft blieb – die war nur Jens Daniel erlaubt –, seine Rolleneinteilungen, seine

Schreibmuster und seine Mimetik waren vom Politischen abgezogen. Was man die *Spiegel*-Masche genannt hat, machte nur Sinn, wenn es aufs Politische gerichtet war, die *Spiegel*-Vorstellung von Politik. Aber das wird eben langsam uninteressant, *Der Spiegel* langweilt sich auch selber dabei – aber er kann keinen Ersatz dafür finden. *Spiegel*-Essay oder kompetente Berichte in Buchlänge mögen gut und schön sein. Aber sie halten die Form nicht zusammen. Sie schaffen nicht die *corporate identity,* die sich *Der Spiegel* aus dem Politischen gegeben hatte.

Das ist es nicht allein. Die wohlfahrtsstaatliche Angestelltenkultur, die *Der Spiegel* braucht und die er bedient, sinkt kulturell ab. Erst einmal zerfasert sie. Der enzyklopädisch halbgebildete Aufsteiger und Organisationsmensch konnte noch vor zwanzig Jahren seinen Welthorizont im Inhaltsverzeichnis des *Spiegel* wiederfinden: Deutschland – Wirtschaft – Serie – Ausland – Sport – Kultur undsofort. Sehr weitmaschig gestrickt war das immer, aber es enthielt im großen und ganzen das, was die Interessen der meisten mittleren Deutschen verlangten. Im Inhaltsverzeichnis war ihre Kultur zusammengefaßt. Heute wirkt es in seinem schweratmigen Universalismus altmodisch. Auf diese Weise orientiert sich in den achtziger Jahren eher eine zurückbleibende Klein-Intelligenz. Kurz, schon die Organisation des *Spiegel* sieht allmählich provinziell aus. Und man muß daraus schließen, daß *Der Spiegel,* der immer aufs Flinke und Mobile spielte, sich mit den schmaleren Ansprüchen dieser Zurückbleibenden konformiert, die eben wegen ihrer Langsamkeit am *Spiegel*-Inhalt kleben. An der Auflage braucht man das noch nicht zu merken, auch nicht an der Assortierung des Anzeigenteils. Nach wie vor bietet das Magazin die breiteste geschlossene Zielgruppe für breiteste Werbe-Interessen. Der high- und der middlebrow-Yuppie wird sich den *Spiegel* kaum mehr unter den Arm klemmen. Ganz schick war übrigens der Anzeigenschmuck des *Spiegel* nie, eben wegen dieser Interessenbreite. Kleinkariertes und Kurioses war immer eingemischt. Doch trügt der Eindruck, daß heute auch das Gesamtbild der Anzeigen noch provinzieller ist als vor zwanzig Jahren?

Also wäre *Der Spiegel* doch nicht mehr ganz diese mächtige Institution, die zum bundesdeutschen Fundament gehört, als stärkster Gegenpol zur Politik der Apparate im Parteien- und Verbändestaat? Also wäre auch *Der Spiegel* sterblich und man könnte anfangen, ihn wegzudenken aus dem Land? Auch wenn die Prognose nicht günstig lautet: noch immer nicht. Der Geist des *Spiegel,* wenngleich blasser geworden, wird solange über der Bundesrepublik schweben, als da kein anderer Geist ihn verscheucht.

Dazu gehörte schon etwas mehr. Freilich, wenn ein *Spiegel*-Mord geschähe... das könnte nur ein Selbstmord sein, und das wäre natürlich das Schönste. Augstein, der Spieler, hat gewiß manchmal daran gedacht. Aber natürlich, *Der Spiegel* bleibt, auch wenn er schon etwas alt aussieht. Solange freilich das gesamte Staats- und Politikwesen BRD gleich alt aussieht, ist kein Grund für vorschnelle Erwartungen gegeben.

Wie modern und zeitgemäß sein Publikum ist und mit ihm eine politisierende Intelligenz, die weithin auf *Spiegel*-Ton gestimmt ist, das zeigt sich in den Ansprüchen und Bedürfnissen, die das Nachrichten-Magazin erzeugen kann, um sie zu stillen. Ablesen läßt sich das an Art und Arrangement der Leserbriefe, die sich *Der Spiegel* wie jedes Intelligenzblatt zur Charakterfolie komponiert. Mit wem man es zu tun bekommt, läßt er einen sofort in der Leserpost-Schleuse wissen, die nach dem Inhaltsverzeichnis aufgebaut ist. Um falsche Erwartungen abzuwehren und gleich die richtige Stimmung zu erzeugen, werden hier mit dem Abdruck erst einmal die Leserbriefschreiber verhöhnt und mit ihnen die gesamte Leserschaft gedemütigt. Vor allem auf demonstrative Publikumsverachtung kommt es hier an.

Zum Beispiel so läßt *Der Spiegel* seine Leser reagieren: »Laber, Laber, Labrador kann aufatmen. Wann erkennt Rupert Ramstein, alias Remscheid alias Scholz endlich, daß er allein, ohne einen einzigen weiteren Tiefflug, eine nicht nur völlig ausreichende, sondern die Kraft der Bundesrepublik weit übersteigende Verteidigungslast ist?«

Oder so: »Mich wundert es nicht, daß trotz dieser Papstgeschichte das Papsttum überhaupt noch existiert; wohl aber wundert es mich, daß trotz dieser Papstgeschichte die katholische Kirche nicht längst abgestorben ist. Es gibt freilich immer mehr Anzeichen dafür, daß sie, zumindest in den aufklärungsfreundlichen Teilen des christlichen Abendlandes, bereits in Agonie liegt.«

Oder zum Beispiel so: »Herrhausen ist die Supernova 88 am deutschen Bankenhimmel. Sterne dieser Kategorien haben jedoch die Eigenschaft, nur vorübergehend durch sehr starke Helligkeit aufzufallen.«

Oder zum Beispiel so: »In der Ignoranz, mit der unsere gewählten Führer mit den Problemen dieser Welt umgehen, sehe ich weniger eigennütziges Denken denn die menschliche Unfähigkeit, auf komplexe Zusammenhänge angemessen zu reagieren.«

Oder auch so: »Wer den Freistaat Bayern in seinen inquisitorischen Strukturen verstehen will, der muß sich mit der Kriminalgeschichte des Christentums befassen. Vieles wird dann dem einzelnen verständlicher: der messianische Machtanspruch der bayrischen Politiker mit seinen radikalen Konsequenzen; die einstige Entwicklung des Nationalsozialismus auf bayrischem Boden.«

Um der Qual ein Ende zu machen, ein letztes: »Herr Gorbatschow und Herr Augstein haben ein zwangloses Gespräch geführt. Mehr nicht. Aber das ist verdammt viel.«

In allen Massen-Intelligenzblättern sind die Leserbriefspalten der peinlichste Teil, unter dem denn auch die Redakteure leiden. Der Abdruck zeigt vor, was das Blatt in den Leserköpfen bewirkt – und was es bewirken will, als gelungene Reaktion anerkennt. Und das ist, wie immer man es manipulieren mag, in der Summe allemal unter dem Niveau der Zeitungsleistung. Etwas dümmlicher Exhibitionismus gehört ja zum Leserbrief. Gentlemen schreiben keine Leserbriefe, nicht einmal, wenn sie angegriffen werden. Mit dem Leserbrief spricht sich der ewig apologetische umd moralisierende Kleinbürger Meinung zu, vor allem rechtfertigt er sich dafür, daß er kein Bürger ist. Er reagiert als jemand, der reagieren darf.

Der Intelligenzblatt-Journalist möchte die Subalternität der Leser natürlich nicht gerne in jeder Ausgabe serviert bekommen. Deswegen ist die Leserbriefseite die angemessenste und gerechteste Strafe für den Journalisten. DIE ZEIT wird durch ihre betulich geschwellte Leserpost ebenso bloßgestellt wie die *Frankfurter Allgemeine* durch die pedantischen Wichtigtuereien ihrer Leser mit den gehobenen Titeln, die die neueste Strategie in den FAZ-Orakeln nur selten gleich begreifen. Die FAZ hat übrigens eine besonders elegante Form der Leserdemütigung gefunden: den Proust-Fragebogen für Prominente im wöchentlichen Magazin, unter dessen Joch im Lauf der Jahre der größte Teil der deutschen Elite hindurchgegangen ist.

Der Spiegel, am Beweis der Intelligenz seiner Leser nur insoweit interessiert, als es für die werbende Wirtschaft von Belang ist, macht aus der Peinlichkeit der Leserbriefe mit Methode einen Gewinn für sich. Er läßt hier vorführen, wie gut seine Sprachdressur an den Lesern gelungen ist. Es soll der Schweiß des Eifers zu riechen sein, mit dem der Leserbriefschreiber in seinen drei passierenden Sätzen die angestrengten Pointierungen und die miefigflotte Humorigkeit der *Spiegel*-Sprache erreichen will – und unfehlbar unterbietet. Gäbe es wirklich witzige Leserbriefe, sie könnten im *Spiegel* nicht gedruckt werden. Zehn Sätze eines Karl Kraus von heute würden allemal ersticken in der kollektiven Verminderung der verschworenen Leserbriefschreiber, die *Der Spiegel* herbeiführt. Denn die Schreiber, die da ihre eigene Erniedrigung betreiben dürfen, sind wahrscheinlich, als Berufs- und als Privatmenschen, doch um einiges vernünftiger als in ihrer Rolle des *Spiegel*-Claqueurs. Claqueure sind sie erst einmal alle, selbst die Richtigsteller, die sich zum Einspruch gezwungen glauben und, falls ein wenig prominent, mit Porträtfoto dafür belohnt werden, daß sie sich auf dieses Vorschalt-Niveau unterhalb des richtigen *Spiegel*-Niveaus begeben haben. Jede Woche erhält so *Der Spiegel* vorab seinen Tribut von denen, die es nicht lernen werden: Wer sich auf einen Leserbrief einläßt, kommt durch ihn um.

Es ist eine sehr deutsche Seelenlandschaft, die sich hier ausbreitet. Leserbriefe, meist an gleicher Stelle, enthalten die Nachrichten-Magazine in aller Welt. Nirgends aber wird man etwas finden, was den Humorverkrampfungen der *Spiegel*-Leser zu vergleichen wäre. Humorig unterfüttert ist vor allem der im *Spiegel* gepflegte Antiklerikalismus, dessen kleinbürgerliche Ranzigkeit im heutigen Europa geradezu ein Kuriosum ist. Selbst in Frankreich ist dieser Antiklerikalismus der radikalen Apotheker und Schullehrer mittlerweile ausgestorben. Wo noch antiklerikal gefuchtelt wird, sind es die Underdogs der zurückbleibenden Kleinintelligenz, die partout beweisen will, daß Halbbildung als soziales Schicksal nach wie vor lebensmächtig ist. Wo doch Halbbildung überholt ist, weil sie mit dem Tod der bürgerlichen Bildung gegenstandslos geworden ist – und deswegen auch niemandem vorgeworfen werden kann. Antiklerikalismus ist eine der fixen Ideen, an denen sich die Halbbildung festhält. Eine eigentümliche Rückständigkeit ist es also, die da im *Spiegel* gepflegt wird. Vielleicht hat sie damit zu tun, daß die frühe Fixierung auf Rom und Rhein, die vor allem mit Augsteins Kampf gegen Adenauer verbunden war, aus dem Magazin bis heute nicht verschwunden ist.

Wo deutsche Humorigkeit, militante Halbbildung und Antiklerikalismus als Protestersatz zusammenklingen, da klingt auch das Autoritätsbedürfnis mit. Vermutlich ist die gesammelte Briefstellerschaft des *Spiegel* autoritärer gebaut als der Durchschnitt der *Spiegel*-Leser, und wahrscheinlich liegt der Grad ihrer Liberalität unter dem Durchschnittsmaß der deutschen Mittelklassenliberalität. Den meisten von ihnen möchte man nicht gerne am Stammtisch oder beim Elternabend begegnen. Freilich, wäre diese Claque, die in der Hauptsache Hohn und Aggressivität gegen irgendeine Autorität zu beweisen hat, nicht selber autoritär gestimmt, würde sie ihren Zweck nicht erfüllen: Den Leser sogleich Mores zu lehren und ihm die Macht der Gemeinde zu zeigen, in die er eintritt. Wer die Leserbriefspalten hinter sich gebracht hat und sich noch immer nicht im klaren ist, was ihn erwartet, der ist *Spiegel*-immun.

Was den Leser im Deutschen Nachrichten-Magazin erwartet, das sind nicht Nachrichten, sondern Textprodukte, die durch Wiedererkennung eingewöhnte Reflexe des Behagens auslösen. Nachrichten, die wirklich Nachrichten und des Berichtens wert sind, sollten auf entgegengesetzte Weise wirken. Das Unbekannte, das Störende ist es, das die Nachricht ausmacht. Was nicht einen Funken der Beunruhigung auslöst, geht nicht an, ist zeitraubende Belästigung. Die Kabinettskolportage ist immer Schmieröl für den Genscherismus.

Keine Qualitätszeitung daher ohne das Element des Schrekkens, das in jeglicher Aktualität steckt, auch noch in der erfreulichen Nachricht. Die Titelseite der *New York Times* zum Beispiel, die doch mit Sensationen und Katastrophenmeldungen geizt, macht an jedem Tag schaudern. Sie bringt nur Nachrichten, die Nachrichten sind. Der wahre Zeitungsleser, der ja ein aktiver Leser ist und den Schrecken der Aktualität entgegentreten will, wird den *Spiegel* nicht benutzen. Wenn er ihn liest, dann auch nicht als Zweit- oder Drittblatt, jedenfalls nicht zur Orientierung durch Nachricht. Daß das Magazin nichts zu erklären und zu deuten hat, weiß er ohnehin. Wer Zeitungen braucht und mit ihnen umgeht – und das ist nur eine ziemlich kleine Minderheit –, der mag zum *Spiegel* aus hundert anderen Gründen greifen: Weil er sich über den Skandalwert bestimmter Vorkommnisse informieren will, weil er auch als FAZ-Leser lüsterne Anwandlungen hat oder weil ihn das eigenartige literarische Genre reizt – und jede *Spiegel*-Ausgabe ist in der Tat als Buch für sich angelegt und zu lesen, das nichts voraussetzt und keine Folgen hat. Aber er wird sich hüten, den *Spiegel* zu benutzen. Ein Politiker, der auf sich hält, wird auch im Meinungskampf den *Spiegel* nicht zitieren.

Die Textprodukte des *Spiegel,* die bekanntlich in Story-Form zugeführt werden, kommen dem Menschen aus der Angestelltenkultur sofort vertraut vor, was auch immer der Inhalt sein mag. Das liegt natürlich auch daran, daß man aus einem *Spiegel*-Text ebenso mühelos hinausgleitet wie man sich in ihn hineinziehen läßt. Heute wie vor vierzig Jahren wird die Maxime des *Spiegel*-Status befolgt: »Ein *Spiegel*-Bericht, den man zweimal lesen muß, um ihn zu verstehen, ist keine *Spiegel*-Geschichte.«

Vor allem aber wird der Leser aus der Angestelltenkultur sogleich von Behagen umfangen, weil er spürt, daß er in eine bürokratische Organisation eingetreten ist. Wer in Bürokratien zu arbeiten gewohnt ist, wird sich schnell in der Ordnung und den Abläufen des *Spiegel* zurechtfinden, wird sein Verhalten mühelos anpassen können. Das ist bei der noch so klar aufgebauten Tages- oder Wochenzeitung nicht möglich. Wird sie schon durch die Aktualität aufgerauht und sperrig gemacht, so zeigen auch die Verfassernamen, die Authentizität und Sachverstand garantieren, Unterschiedlichkeit und Unruhe an. Beruhigend wirkt dagegen die bürokratische Anonymität des Textflusses im *Spiegel,* dessen Statut besagt, es »... darf ruhig der Eindruck vorherrschen, als ob alle Geschichten von dem gleichen Verfasser geschrieben wären. Auf jeden Fall ist ein Auseinanderbrechen des *Spiegel* in Ressorts zu vermeiden.«

Vertrauen schafft die Anonymität, weil sie verspricht, daß es immer so weiter geht – kein *Spiegel*-Bericht muß in Zeit und Raum frei und alleine stehen. Sonst müßte er *auctoritas,* eben einen Autor haben. Was immer so weiter geht und in seiner Beständigkeit jederlei Überraschung und Neuigkeit zu bändigen weiß, muß eine mächtige Rationalität besitzen. Ihr darf man trauen, weil sie bürokratisch gesichert ist und deshalb auch die

Wichtigkeiten in die richtige Reihenfolge bringen wird. Wo in der Tageszeitung immer wieder Disproportionen stören, weil sich weniger Wichtiges vordrängen kann und in der Produktionshektik sich oft keine Ordnung herstellen läßt, darf der *Spiegel*-Leser darauf vertrauen, daß alles nach seiner Bedeutung portioniert wird. Daß nichts Überflüssiges vorkommt, garantiert schon die knappe Sprache, die der Anweisung des Statuts folgt, *Spiegel*-Geschichten sollten »in knappen Sätzen geschrieben sein. Der Hauptsatz soll vorherrschen. Bandwurmsätze widerstreben dem *Spiegel*-Stil, da sie zumeist unverständlich und mühsam zu lesen sind. *Spiegel*-Lektüre soll aber möglichst mühelos sein...«

Daß im *Spiegel* alles seine angemessene Wichtigkeit hat, weiß der Leser schon deshalb, weil er sich auf die geprüfte Richtigkeit jeder Nachricht verlassen darf. Mit keiner seiner Redaktionsvorschriften hat der *Spiegel* einen solchen Kult getrieben wie mit dieser – und für ihre allgemeine Bekanntheit gesorgt: »Alle im *Spiegel* verarbeiteten und verzeichneten Nachrichten, Informationen, Tatsachen müssen unbedingt zutreffen. Jede Nachricht und jede Tatsache ist vor der Weitergabe an die Redaktion peinlichst genau nachzuprüfen. Quellen sind in jedem Fall informativ mitzuteilen. In Zweifelsfällen ist eher auf eine Information zu verzichten als die Gefahr einer falschen Berichterstattung zu laufen. Berichtigungen kann sich der *Spiegel* nicht erlauben.«

Sein Archiv, das hauptsächlich aus Zeitungsausschnitten besteht, hat *Der Spiegel* geradezu zur Hirnkammer der Magazin-Maschine stilisiert. Ein journalistischer Mythos sind schließlich die Nachkontrollen und Schlußredaktionen, die kein Text ungeschoren passiert. Und auch dies läßt *Der Spiegel* gerne bekannt werden: Daß die Redaktion weit mehr produziert, als ins Magazin aufgenommen werden kann, weil es die Aktualität gebietet. Daß er der Aktualität und der Rangbedeutung der Tatsachen mächtig ist, muß *Der Spiegel* jede Woche beweisen: Durch Verwerfung des weniger Wichtigen, durch systematische Herstellung von Ausschuß.

Richtlinien, Kontrollen, Einheitlichkeit – davon wimmelt es im *Spiegel*-Statut aus dem Jahre 1949, das ein wichtiges Dokument einer Institutionen-Begründung in jenen Gründerjahren der Bundesrepublik darstellt. Eigentlich Verfahrensregel und Schreibanweisung, enthält es auch die Legitimation des Unternehmens, bezeichnet Firmengeist und Firmenidentität. Diese Verfassungsurkunde, die den *Spiegel* geprägt hat bis heute, atmet ganz den deutsch-bürokratischen Geist, in dem damals die Reeducation der Besatzungsmächte in eine Modernisierung der Öffentlichkeit (= News plus Meinung) umgesetzt wurde: »Der *Spiegel* ist ein Nachrichten-(Neuigkeiten-)Magazin. Darum muß der *Spiegel* 1. aktuell sein, 2. einen hohen Nachrichten-(Neuigkeits-)Gehalt haben. Dabei muß er andere, d. h. persönlichere, intimere, hintergründigere Nachrichten (Neuigkeiten) mitteilen und verarbeiten, als sie die Tagespresse darbietet, 3. interessant sein.«

Folgt ein paar Sätze später die Definition von Aktualität im *Spiegel:* »Unter Aktualität versteht sich einmal die Behandlung des in der jeweiligen Woche anfallenden Geschehens. Damit gewinnt der *Spiegel* den Charakter einer Wochenzeitung. Zum anderen ist es auch ein echtes aktuelles Anliegen, wenn Vorgänge und Erscheinungen aufgegriffen werden, die zwar nicht unbedingt in diese eine Woche fallen, die aber von unmittelbarer Gegenwartsnähe sind, somit eine wahre innere Zeitbezogenheit besitzen und noch nicht zu Tode geritten sind.« Niemals wieder ist im *Spiegel* so schlecht geschrieben worden.

Und dann, drei Abschnitte weiter, die Bekenntnisformel, auf die sich die goldenen Regeln der *Spiegel*-Story gründen. »Nichts interessiert den Menschen so sehr wie der Mensch. Darum sollten alle *Spiegel*-Geschichten einen hohen menschlichen Bezug haben. Sie sollten von dem oder den Menschen handeln, die etwas bewirken.«

Rudolf Augstein, Jens Daniel, dixit? Nun, jedenfalls hat er es durchgelassen und unterzeichnet. Und seine Leute haben daran geglaubt und darauf ihre Organisation mit hohem menschlichem Bezug gebaut. So sprachen damals die sich neu formierenden Sozialbürokratien, Gewerkschaften, Parteien – und so sprechen sie heute noch.

Die *Spiegel*-Legende, mehrmals aufgezeichnet und aufgewärmt, meist von ehemaligen *Spiegel*-Leuten, will es natürlich anders: Angeregt von ein paar klugen Besatzungsoffizieren, krempelten wagemutige junge Männer, ihre Kriegsvergangenheit auf dem Buckel, die Ärmel auf, pumpten sich etwas Geld und begannen das große Abenteuer, das sie unversehens zum Erfolg führten. Merkwürdigerweise fangen alle Zeitungsgeschichten auf die gleiche Art an, immer hat der Gründer das Erfolgsrezept schon im Tornister.

Wie simpel, ja grobschlächtig immer die Ideologie war, die sich die *Spiegel*-Gründer zurechtmachten, um das amerikanische Muster von *Time* und *Newsweek* zu übersetzen und in einer Institution zu perfektionieren, deren Geltung die Vorbilder weit übertrifft: Die Sicherheit, mit der sie, unangefochten von jeglichem Geist der Aufklärung, den Zusammenhang von individualistischem Informationsbedürfnis als einem Moralbedürfnis, schematisierter Sprache und bürokratischer Organisation begriffen – diese Sicherheit hat etwas traumwandlerisch Geniales. Augstein ist gewiß ein unerschrockener, kalter und strategisch denkender Kopf mit dem nötigen Schuß von Sentimentalität, doch es läßt sich schwer denken, daß eine derart leistungsstarke und komplexe Medienmaschine am Schreibtisch eines einzelnen konstruiert worden ist. Die Männer um ihn herum andrerseits – natürlich war es ein Männerbund – waren tapfere Haudegen und erstklassige Organisatoren, doch sie waren keine überragenden Geister: eher ungeniale Macher-Leutnants, keine Feldherren. Wie *Der Spiegel* auf Anhieb das Wesen der wohlfahrtsstaatlichen Angestelltenkultur begriffen und in die angemessene Form gebracht hat, das behält etwas Unheimliches. Die Erfindung mußte ja mit der Kraft der Massenverführung gepaart sein, so etwas kam in diesem Jahrhundert nur wenige Male vor.

Mit all seinen Sicherheitsvorrichtungen gepanzert, ist *Der Spiegel* eine sehr deutsche Institution – auch wenn Augstein glauben machen möchte, es sei preußisch-voltairischer Geist, der das Haus durchwehe. Was wiederum mit Augsteins Selbstlegitimation im Konflikt mit Adenauer und der rheinisch-katholischen Welt zu tun hat. Doch *Der Spiegel* ist eine ganz und gar unpreußische, vielmehr eine sehr neudeutsche und darum moderne Bürokratie. Ganz unpreußisch ist zum Beispiel der kleinbürgerliche *Spiegel*-Glaube an die Beweiskraft von Sozialwissenschaften und Demoskopie. Nur zu gerne prunkt das Magazin mit Umfrage-Ergebnissen, schmückt seine *stories,* die nach der Vorschrift mit einer handelnden oder leidenden Person beginnen, mit Wissenschaftler-Urteilen aus. Das ist nicht nur Masche, um dem *Spiegel*-deutschen Publikum zu imponieren, das verlangt auch das Sicherheitsbedürfnis der *Spiegel*-Leute selber.

Eine sehr moderne Bürokratie ist *Der Spiegel* auch darin, daß er nicht nur planmäßig Ausschuß produziert, sondern auch weit mehr menschliche Kräfte und Fähigkeiten verbraucht, als es das Funktionieren einer rational gebauten Organisation verlangte. *Der Spiegel* kauft mit seinen beträchtlichen Gehältern großzügig tüchtige Journalisten ein – um dann ihre Kompetenz nicht zu nutzen und oft genug ganz brachzulegen. Ungezählte Namen von Journalisten, die sich in anderen Zeitungen – letzte Ressource: die *taz* – ausgewiesen hatten, sind auf diese Weise in der Anonymität des *Spiegel* verschwunden, ohne je wieder aufzutauchen. Was sie als Fachleute und als Schreiber waren, hat sich im Magazin aufgelöst – und damit auch die schreibende Person. Die hochbezahlten *Spiegel*-Nobodies, die ihren Namen nur im Impressum lesen dürfen, genießen zwar die hohe Entschädigung, zur Mannschaft zu gehören und die Visitenkarte zu benutzen. Und sie haben am Respekt teil, den die Macht des *Spiegel* überall einflößt. Doch bleiben sie Funktionäre, ihre berufliche Identität, die beim Journalisten im eigenen Namen steckt, ist kupiert.

Was der Identität weggenommen wird, geht in die Organisation ein, nährt ihre Dynamik. Darin besteht die Kraft der modernen Bürokratie: Sie benützt für die Herstellung ihrer Produkte die Fertigkeiten und die emotionalen Kräfte der Funktionäre immer nur zu einem Teil, oft zum kleineren Teil, alles übrige wird dafür verbraucht, den inneren Betrieb mit der nötigen Spannung, mit Energie zu versorgen. Die Überschußproduktion von Leistung, der Verschleiß menschlicher Leidenschaft, des Berufswillens, dient dazu, die bürokratische Maschine in Schwung zu halten. Eine Bürokratie ist ein parasitierender Organismus, der die sinn- und ziellose Verausgabung seiner hochmotivierten Mitglieder vernutzt. Und der es verstehen muß, diese Motivierung immer wieder anzureizen. Entgegen ihren öffentlich geglaubten Zwecken, ihrer Ideologie und ihrem Glauben an die eigene Organisationsvernünftigkeit ist also die moderne Organisation mit optimalem Leistungsergebnis ein höchst irrationales Gebilde.

Es gibt kein anderes deutsches Medienunternehmen, das so irrational, so wahnhäft wäre wie *Der Spiegel*. Ihn erreichen an organisatorischer Irrationalität auch nicht die öffentlich-rechtlichen Rundfunkanstalten. Diese gehören noch einem älteren Typ der Medienbürokratie an, wie er sich freilich nicht mehr lange behaupten können wird. Jedenfalls sind sie, bei aller Kraftverschwendung für ihren Binnenbetrieb, vergleicht man sie mit dem *Spiegel,* geradezu leistungsrational.

Das Übermaß an Energie und Organisation, das in jede Zeile des Magazins gesteckt wird, verhindert, daß Nachrichten entstehen. Die Sprach-Produkte, die wie überpotenzierte Mercedes-Geschosse angreifen, lassen keinen Rest des Ungefähren, lassen keinen Neben-Raum, nicht die geringste Chance zum Zweifeln und zum Staunen – eben alles, was zur interessanten, interessierenden Nachricht gehört. Jeder *Spiegel*-Text muß sofort kompakte Autorität und Kompetenz der Firma ausstrahlen. Sperrt sich ein Sachverhalt dagegen, um so schlimmer für die Sache – sie ist dann nicht *Spiegel*-würdig. Daß *Der Spiegel* deshalb auf vieles verzichtet, macht ihm nichts aus. Im Gegenteil, das zeigt deutsche Entschlossenheit und schafft damit beim Leser aus der Angestelltenkultur Sicherheitsgefühle.

Kein anderes Medienunternehmen im Lande hat so wie *Der Spiegel* sich von vorneherein und ohne jeden Selbstzweifel als Betrieb zur Produktion von Texten begriffen, die es der Außenwelt als Nachrichten aufdrängen kann. Das heißt als ein sich selbst völlig beherrschendes System, das nichts, was von außen kommt, unverwandelt läßt. Damit war auch der Zugang zum Politischen festgelegt. *Der Spiegel* war immer der geborene Partner und Kommunikator für die politische Kultur der Apparate, die Politiker-Politik, das, was man in Frankreich die *politique politicienne* nennt. Auch wenn *Der Spiegel* ungeliebt ist, auch wenn man ihm mißtrauen muß und ihn gerne verachten möchte, als System mit festem Sprechprogramm ist er für den Apparat-Politiker berechenbar. Der muß ja nichts so sehr fürchten wie individuelle, freie Sprache und untaktisches Verhalten, gar Reflexion. Das geht dem *Spiegel* und seinen Leuten todsicher ab, sie sind aus dem gleichen Stoff gemacht. Zudem, und das schafft Gemeinsamkeit, fixieren sie das Politische ganz an die Person, die nur handelt – aber keine Herkunft hat.

Die Formverwandtschaft zur Polit-Bürokratie ist es andrerseits, die den *Spiegel* unfähig macht, sich selber Begriffe vom Politischen und seinen Gegenständen zu machen. Im *Spiegel*-Statut heißt es zwar, die Korrespondenten sollten sich immer im klaren darüber sein, ». . . daß nichts Bestehendes ohne Grund besteht und nichts ohne Grund so besteht, wie es besteht. Diese Gründe gilt es zu erkennen und sichtbar zu machen.«

Doch Gründe sichtbar zu machen, aufzuklären, soweit es nicht nackte Interessen von Personen sind, das ist der *Spiegel*-Story fremd. Und sich mit politischen Ideen herumzuschlagen, soweit sie nicht von Organisationen und ihren Funktionären formuliert und durch die Meinungsumfrage anerkannt sind, kommt dem *Spiegel* nicht in den Sinn. Dieser absolute Institutionen-Konservatismus, der Gleichklang mit den Apparaten, macht es dem *Spiegel* unmöglich, selber Politik zu betreiben. Wollte er das tun, müßte er in der Lage sein, seine Produktformel völlig zu ändern, müßte Differenz und Lücken herstellen, die Probleme und Erklärungen in-Gang setzen könnten. Dazu aber ist der Selbstlauf des Magazins mit seinen immerwährenden Wiederholungen viel zu mächtig. Das würde, wenn er es wollte, auch Augstein nicht schaffen.

Die Abwesenheit jeder politischen Position, der Verzicht auf theoretische Neugier und das scheinbar radikale Bestehen auf den reinen Tatsachen lassen den *Spiegel* als interessenfreie Instanz hervortreten, die alles und jeden nach seiner Moral abfragen darf. Jede *Spiegel*-Story enthält eine Inquisition darauf, wie im Helden öffentlicher Anspruch und öffentliche Geltung mit privaten Interessen aneinandergeraten. Auch die *Spiegel*-Gespräche, in denen *Spiegel*-Redakteure als Personen und Gesprächspartner auftreten, sind vor allem Verhöre. Sie sind weniger an der Klärung irgendeines Problems interessiert als an der Position, die der Befragte dazu einzunehmen weiß und für die er bürgen kann. Wenn der das durchschaut und seinen *Spiegel*-Verhörern mit entsprechender Taktik begegnet – auch gut, dann hat er sich eben bewährt: Weil er sich nicht hat schlagen lassen, kommt er zwar mehr oder weniger gut davon. Die Hauptsache aber, er hat sich auf die *Spiegel*-Fragen und ihren prinzipiellen Verdacht auf moralische Korruption eingelassen. Ein ehrlicher Mann kann so und so nicht bleiben, wer sich in ein *Spiegel*-Gespräch begibt.

Keiner anderen Zeitung würde ihr Publikum ein Interview- und Berichtverfahren nachsehen, das es prinzipiell auf den Verdacht anlegt, das eigentlich Interessante jedes Geschehens liege im Konflikt zwischen Geltung und ganz privatem Interesse aller Handelnden. Dem *Spiegel* wird dieses Verfahren der Inquisition von seinen Lesern nicht nur nachgesehen, sie verlangen es sogar. Und zwar nicht deswegen, weil sie Voyeure sind, oder bloß schadenfroh. Sondern, weil *Der Spiegel* in Sachen wohlfahrtsstaatlicher Moral in einem Richter und Ankläger ist. Er führt prinzipiell Anklage, aber er spricht letzten Endes auch immer frei. Daß das dem *Spiegel* erlaubt ist, und zwar ihm als einzigen, hat seinen Grund zuerst darin, daß das Publikum eine solche Instanz und ihre Dramaturgie für die Zurichtung der eigenen Lebenswelt braucht.

Wohlfahrtsstaatliche Moral: Ebenso wie *Der Spiegel* betrachtet sein Publikum, das Publikum der Angestelltenkultur, jedermann als Funktionär oder doch als Begünstigten und damit als Vertreter einer Organisation. Organisation von Interessen hat im Wohlfahrts- und Verbändestaat grundsätzliche wie grundgesetzliche Berechtigung. Denn jede Organisation trägt letzten Endes zum Wachstum bei, ihre Dynamik muß nur von anderen Organisationen in Schach gehalten werden.

Dieser wohlfahrtsstaatlichen Logik hat sich längst auch die zur Facharbeiterschaft qualifizierte Arbeiterklasse bequemt. Sie hat die Erfordernisse der keynesianischen Wirtschaftssteuerung verinnerlicht, das heißt eine staatliche Temperaturregelung von Konjunkturen jeweils unterschiedlicher Gruppenbegünstigung. Wenn jedermann dazu da ist, auf seine Weise in Wachstum zu investieren, kann Bereicherung nicht mehr moralisch verwerflich sein. Solange sich jemand wachstumsgerecht verhält, ist ihm auch Bestechlichkeit schwer vorzuhalten.

Jedermann, der in einer oder mehreren Organisationen lebt, sieht ein, daß Korruption zum Zwecke des Gruppeninteresses dann und wann vonnöten ist. Es sieht andrerseits auch jedermann ein, daß dies öffentlich vorgehalten werden muß. Aber das soll nicht eine bürgerliche, gar eine bildungsbürgerliche Presse tun, die im Namen von demokratischen und Gerechtigkeitswerten spricht. Da vertraut man die Verfolgung öffentlicher Moral lieber dem *Spiegel* an. Man glaubt ihm, daß sein Verdacht und sein Verhörwesen nicht in irgendeiner Ideologie begründet sind und in der sentimentalen Vorstellung von Interessenfreiheit im Gemeinwesen. *Der Spiegel* nimmt Korruption als wohlfahrtsnotwendig hin, deswegen darf er sie im Einzelfall anprangern. Er darf ruhig vulgär in seinem Generalverdacht sein, denn er ist selber nur Funktionär zur gerechten, das heißt ausgeglichenen Verteilung von Korruption. Mehr als die Hälfte der *Spiegel*-Seiten ist schließlich mit Anzeigen gefüllt, fast jeglicher Herkunft.

Dem *Spiegel* traut man zu, daß er kein Interesse schont, weil er zum einen die Waage zwischen allen Bestechungsversuchen zu halten weiß, und weil ihm zum anderen Aufklärung zum Zwecke staatsbürgerlicher Gleichheit und gleicher Freiheit schnuppe ist. *Der Spiegel* wird vom Leser aus der Angestelltenkultur anerkannt, weil er garantiert rein von jeder Utopie ist. Dem Kleinbürger, der dauernd verstopft ist von Ideologie und vom Zwang zur Selbstrechtfertigung, dient *Der Spiegel* als Institution zur Reinigung – der anderen, zum Ersatzerlebnis.

In einem Interview hat Rudolf Augstein einmal dargelegt, wie *Der Spiegel* mit den Restbeständen bürgerlicher, also vor-wohlfahrtsstaatlicher Moral zurechtkommt: »Man kann heute keine Aufklärung im philosophisch-historischen Sinn mehr treiben, denn das setzt doch den Glauben an die menschliche Vernunft voraus. Es setzt die Annahme voraus, daß der Mensch erzogen, veredelt werden kann, daß sich unter günstigen Umständen großartige Gemeinwesen entwickeln würden. Das alles glauben wir doch heute nicht mehr. Wir sind also in einer gebrochenen Lage. Wir müssen uns politisch für etwas einsetzen, an das wir philosophisch nicht mehr glauben.«

In diesem Konflikt hat *Der Spiegel* mit sich selbst einen Konsens geschlossen. Der Herausgeber-Hamlet hält in seinen Leitartikeln die Moralstandards bürgerlicher Fortschrittswerte hoch, die von dreißig *Spiegel*-Stories durch bloßes Verfahren denunziert werden können. Der Herausgeber darf den Citoyen hochhalten, die Anonymlinge der *Spiegel*-Textproduktion traktieren den Funktionär. Die Korruption des *Spiegel* besteht darin, daß er diese Widersprüchlichkeit genußvoll zum System gemacht hat. *Der Spiegel* scheint zwar, zu wesentlichen Teilen, seinem Herausgeber zu gehören. Doch das wirkliche Verhältnis geht anders: *Der Spiegel* leistet sich seinen Herausgeber zum kritischen Dekor – wobei der Herausgeber zur Hälfte aus *Spiegel* besteht und zur Hälfte aus sich selbst. Das ist eine der gelungensten Formeln eines wohlfahrtsstaatlichen Moralkonsenses, einer modernen Legitimität.

Bleibt trotzdem die Frage, wie korrumpierbar *Der Spiegel* durch Dritte ist, sagen wir es sachlicher: ob er wenigstens indirekt sich von seinen Anzeigenkunden im Programm beeinflussen läßt, ob man ihn an seinen Anzeigen-Einnahmen zum Wohlverhalten bringen kann. Das stand vor allem Anfang der siebziger Jahre zur Diskussion, als der Haupteigentümer in einem hochherzigen Anflug mehr Demokratie im Hause wagte und sich auf ein großzügiges Mitbestimmungsmodell einließ. Daraus wurde nichts, übrig blieben Regeln zur Gewinnbeteiligung.

Da das Experiment mit einem linkeren Engagement der Redaktion einherging, ließen sich potente Anzeigenkunden scheu machen: Ausgerechnet *Der Spiegel,* dessen Systemkonformismus bis dahin ohne Tadel war – und jene Affaire stellte sich dann ja auch als Staatspanne heraus –: Ausgerechnet *Der Spiegel* ließ sich auf solche Sabotage ein! Ein Wirtschaftsdienst schrieb damals: »Die deutschen Unternehmer liefern das Geld, mit dem sie liquidiert werden.« Die Boykott-Aufrufe schienen auf die Anzeigenkunden zu wirken, die Einnahmen gingen '71 und '72 drastisch zurück.

Augstein revozierte bald, vor allem auch deswegen, weil ihm der Maximalismus der Redakteure irrealistisch schien. Womit er Recht hatte, das Experiment wäre so oder so gescheitert. Medienintellektuelle sind wahrlich die letzten, die zur Selbstorganisation ihrer Produktionseinrichtungen taugen. Eine ähnliche Situation ist später nicht mehr vorgekommen, und der erstklassige Werbeträger, dem seine Kunden schnell verzeihen konnten, erholte sich bald. Auch sind die werbenden Unternehmer in den letzten fünfundzwanzig Jahren klüger geworden. Im Zweifelsfalle gilt: *Der Spiegel* ist nicht erpreßbar, weil er nicht erpreßt zu werden braucht. Die Leser dürfen seiner seit vierzig Jahren ziemlich gleichgebliebenen Radikalität sicher bleiben.

Die immer gleich inszenierte Aggressivität kann nicht verhindern, daß *Der Spiegel* am Ende der achtziger Jahre eine Phase anhaltender Langeweile durchlebt. Schwer zu sagen, woran es liegt, daß die Serien mühsamer werden, die Story-Helden so gleichförmig, daß die Erinnerung nicht einmal bis zum Bürogespräch am nächsten Tag vorhält, die Leitartikel monatelang ohne Biß bleiben. Vielleicht gibt es tieferliegende Gründe, die den *Spiegel* lahmen lassen. Mag sein, daß das Wesen der Aktualität durch den Dauerskandal überanstrengt wird. Mag sein, daß die großen wirtschaftlichen Bewegungen und die sozialen Verwerfungen nicht richtig interpretiert werden können, wie es ja auch das Stummbleiben der Intellektuellen und der Sozialwissenschaften vermuten läßt. Und *Der Spiegel* lebt ohnehin noch mehr als andere Printmedien aus zweiter Hand, von Vorinterpretationen anderer.

Eine andere Frage ist: Welche Ressourcen hat *Der Spiegel*, um sich in Schwung zu bringen, falls die Flaute bedrohlich lang werden sollte? Läßt diese massive und reiche Organisation irgendwelche Reserven ahnen, kann man neue Kraftfelder sehen, die sie sich erschließen könnte? An andere, normale Medienfirmen mag man eine solche Frage richten, beim *Spiegel* ist sie ungewohnt. Kann man sich überhaupt den Kopf über die Zukunft eines Mechanismus zerbrechen, der so geschichts- und herkunftslos durch die Zeit der Bundesrepublik gerollt ist? Bekommt nicht dieses ohnehin so identitätsschwache Land, durch die Tausende von *Spiegel*-Ausgaben betrachtet, selber etwas Zeitloses, jedenfalls unheimlich Beständiges und Gleichmäßiges? Fragt *Der Spiegel* seinerseits nach der Zukunft der Bundesrepublik?

Daß *Der Spiegel* sich am Politischen aufrichten könnte, ist das Unwahrscheinlichste. Es hat überdies seine Gründe, daß die Zahl der politischen Journalisten und gar jener, die sich Publizisten nennen dürfen, seit zehn, fünfzehn Jahren ständig abnimmt. Das Schreiben über Politik, über Politisches, das in den ersten zwanzig Jahren der Bundesrepublik hochgeachtet war, ist eine zweitklassige Sache geworden.

Sich an den sozialen Fragen der Zeit neu zu beleben, ist dem *Spiegel* ebenfalls versagt. Wie immer diese Fragen beunruhigen mögen, um daraus publizistische Funken zu schlagen und um das Publikum zu beleben, muß man ein wenig von Theorie und Zukunftsinteresse bewegt sein. *Der Spiegel* kann höchstens Statistiken in Texte übersetzen. Für Zukunft und Soziales gibt es heute in der BRD kein Publikum, sind ja selbst die Gewerkschaften unzuständig.

Und die Ökonomie, deren undurchschaute Dynamik so sehr beunruhigt? Da sind dem *Spiegel* durch die Form und Frau Merklein Fesseln angelegt. Natur, Umwelt, neue Lebensorganisation? Schon zu viel davon; das meiste muß im Magazin ohnehin in *Spiegel*-fremder Technik verarbeitet werden: Dossiers, Essays, Autorenartikel. Und jedes Heft verträgt nur ein bestimmtes Quantum an artfremder Kompetenz, wenn *Der Spiegel* noch seine Identität behalten, sein eigenes System bleiben soll.

Zuviel auch schon von Geschichte, mag sie dem Herausgeber noch so sehr am Herzen liegen. Wenn nicht Zeitgeschichte, die vom einzigen historischen Referenzpunkt des *Spiegel* lebt, dem Dritten Reich, wird sie in den Händen des Magazins sogleich a-historisch, bedeutungslos. Die Französische Revolution wurde so zum Desaster. Und der oft brüllende Dilettantismus des *Spiegel* verdirbt das meiste. Hier wird die Halbbildung des Magazins auch so auffällig, daß sie selbst bei den *Spiegel*-Lesern Gelächter auslöst.

Bliebe die Kultur. Sie ist in diesen Jahren, so hört man, zu einem Interesse gekommen, das das Interesse am Politischen und Gesellschaftlichen überwölbt, bisweilen ersetzt. Ihrer bemächtigen sich die politischen Apparate, an ihren Gestaltungen versöhnen sich die Sponsoren Wirtschaft und Staat. Denn auch der Staat ist im Zeichen des Postliberalismus zur Rolle des Sponsors herabgestiegen. Und die Angestelltenkultur wittert, daß von der Kulturkultur, von der sie sich so lange unterdrückt fühlte, Aufforderungen ausgehen, sich ihrer zu bemächtigen. Da wäre *Der Spiegel* als Zutreiber gefragt. Doch das runde Dutzend Kulturseiten, das *Der Spiegel* jede Woche aufbietet, bleibt abhängig von der Fernseh-Magazin-Kultur. Am Kulturteil wird die Erstarrung sichtbar, die seine übermächtige Sprechmanier herbeiführt. Kulturelle Aktualität kann es für den *Spiegel* ohne Skandal-Würze nicht geben, und Kritik ist hier nur als Verriß denkbar. In der Kultur müßte aber, damit ihre Anwesenheit im *Spiegel* überhaupt lohnt, eine andere, sogar eine Gegensprache zur *Spiegel*-Sprache gesprochen werden. Doch es kommt nur, mäßig individualistisch aufgelokkert, die gewohnte *Spiegel-Sprache* mit ihren angestrengten Witzigkeiten und Pointierungen durch. Wem es durch die Leserbriefe am Eingang nicht klargeworden ist, der wird dann am Schluß darüber belehrt, wie kulturreaktionär *Der Spiegel* ist. Ziemlich barbarisch und ohne bürgerliche Prätentionen waren die leitenden *Spiegel*-Macher immer. Zuzeiten war das sogar erfrischend. Daß sie die Kultur der Magazin-Stanzung auslieferten, war auch so lange bedeutungslos, als *Der Spiegel* seine Kräfte auf der politischen Szene erneuern konnte. Jetzt, unter der Schwäche des Politischen, fällt die Gewöhnlichkeit der *Spiegel*-Kultur um so mehr auf.

Es ist natürlich widersinnig, sich den Kopf über die Zukunft des

Spiegel zu zerbrechen. *Der Spiegel*, der sich über die goldenen Jahrzehnte, über die tiefe Krise der integrierten Wohlfahrtsdemokratie und über das neokapitalistische Gründerjahrzehnt hinweg so verblüffend gleich bleiben konnte, ist am Zeitgeist und am Zeitgemäßen nicht zu messen. Er dauert, solange seine Sprachform und seine Stereotypen von Mensch und Welt dauern, das heißt konsumiert werden können. Die stärkste Kraft, die ihn beherrscht, ist ordinäre Verachtung: Verachtung des Magazins für seine Leser, Verachtung der Leser für das Produkt, das sie konsumieren müssen. Verachtung ist ein starkes Band.

Die taz – endlos spontan

Manchmal kamen sie einem vor wie spielsüchtige Kinder, die verwirrt in einem toten Gelände voll von Attrappen und lackierten Ruinen herumliefen. Um sich selbst und das Leben zu spüren, griffen sie dann und wann in die herumliegenden Haufen der Computerausdrucke – auf der Suche nach einem Stein, den sie gegen die stummen Fassaden schleudern könnten. Doch selten genug kam ein Echo zurück, meist hörten sie nur das eigene Schreien. Und wie Kinder sind, vergaßen sie immer wieder ihre vergeblichen Provokationen und zogen lärmend weiter.

Von dieser *taz* ist in der Vergangenheit zu sprechen. Noch ist zwar die *taz* aus der Phase ihrer selbstverliebten Wirrungen nicht herausgewachsen – herausgesprungen wäre wohl richtiger, denn nur mit einem Sprung könnte sie festen Boden erreichen. Doch schon seit längerem klingen ihre Reizworte matter, ordnet sich auf den Seiten der *taz* die Fetzenwelt in Regelmäßigkeiten, machen sich die lustlosen Stereotypen der verwalteten Politik breit. Und es kann nicht mehr lange dauern, da wird sich die *taz* in ein Medium verwandelt haben. Das meint fatalerweise: Sie wird realitätstüchtig geworden sein. Sie hat auch keine Wahl. Anders bliebe ihr nur der Untergang.

Es heißt also die *taz* nur ernstzunehmen, wenn man von ihrersteinmal in der Vergangenheit spricht. Ernstgenommen worden ist ja die *taz* nur selten, man geht mit ihr nicht um wie mit einer verantwortungsvollen Stimme. Allenfalls verblendete politische Staatsanwälte und Trupps linker skin-heads tun ihr von Zeit zu Zeit den Gefallen. Die sympathisierenden Leser, die ihrem Gruppendunst entwachsen sind und so gut wie nie in ihren Leserbriefspalten auftauchen, betrachten die *taz* mit einer Mischung aus Rührung, Voyeurismus und wohligem Schaudern. Darin steckt, wie immer herausgefordert von der jugendlichen Koketterie der *taz*, ein Stück Korruption durch *complaisance*. Nicht zuletzt dank dieser Leser, mit denen sie ein nicht ganz reinliches Verhältnis verbindet, konnte die *taz* bis heute überleben. Pflegt schon die übrige Presse zur *taz* ein heuchlerisches Wohlwollen, nimmt sie jedenfalls nicht für voll, so ist das Projekt auch von seinen Unterstützern kaum je zur Rede gestellt worden. Das hat der *taz* erlaubt, sich eine über Gebühr lange Schon- und Trödelzeit zu gönnen.

Wäre die *taz* nur dieser exotische und etwas anachronistische Haufe, der anderen und auch sich selber nie recht klarmachen konnte, warum er sich so fest in die tägliche Herstellung eines zeitungsähnlichen Erzeugnisses verbissen hat, könnte man diesen merkwürdigen Zwischenfall auf sich beruhen lassen. Doch obwohl die *taz* als Zeitung ein Mißverständnis ist, worüber auch ein geheimes Einvernehmen zwischen Machern und der Mehrzahl der Abonnenten besteht, ist sie doch ein Intelligenzblatt. Wie alle Intelligenzblätter der bürgerlichen Öffentlichkeit prägt sie weniger, als daß sie repräsentiert.

Die *taz* prägt imgrunde nichts und niemanden, sie hinterläßt keine Spuren. Daran liegt ihr auch nichts, sie lebt in Haltungen und von Haltungen. Sie bewegt sich von Aktion zu Krise und von Krise zu Aktion – wenn es daran einmal für längere Zeit fehlt, wird die *taz* krank, krankt sie an der Normalität. Aufklärung gilt ihr wenig, weil sie sich ungerne um Konsequenzen aus Aufklärung kümmert. Die Situation ist es, die sie interessiert, die extreme noch lieber: Der Ausnahmezustand – und das Ethos des *outlaw*, die in ihm zu bewähren sei. Nicht auf die mehr oder minder guten Informationen der *taz* richten sich die Erwartungen ihrer Leser, sondern auf die Beschwörung, die Inszenierung von äußersten Situationen und auf die moralische Rhetorik, mit der sie bewältigt werden. Damit lebt die *taz* in radikalisierter Stellvertretung die geheimen Wünsche einer Intelligenz aus, der heute dämmert, daß ihre Erinnerung, sie sei einmal politisch gewesen, womöglich Selbstbetrug ist.

Auch dies hätte man besser als Vergangenheit ausdrücken sollen. Denn schon seit längerem leistet die *taz* nicht mehr das von ihren Lesern und von ihr selbst Erwartete. Ihre Krisen werden seltener, dazu salzlos und fade, Routine. Die internen Debatten, die freigiebig exhibiert werden, erschöpfen sich in Organisationsmodellen, Aufmachungskosmetik, Auflagenszenarios und Spekulationen auf Adressatengruppen. Die meisten *taz*-Insassen interessiert das schon nicht mehr.

Wie immer es ihnen gelingen mag, Organisation und Makeup so zu ändern, daß sie von der *taz* endlich als von einem Produkt sprechen dürfen, sie ahnen alle, daß der entscheidende Schritt woanders getan werden muß: Mit der Einsicht, daß sie in Zukunft ebensowenig eine linke Zeitung machen werden, wie sie heute eine linke Zeitung machen und wie die *taz* jemals links war. Sie haben ja immer schon befürchtet, daß sie mit der Modellierung eines marktgängigen Medienprodukts einen Verrat an ihrer linken Vergangenheit werden begehen müssen, ja überhaupt an der Linken. Nun stehen sie davor und sie müssen sich klar machen, daß da gar nichts zu verraten ist. Zu verraten ist allenfalls eine Illusion von ›links‹. Und damit fällt sogar der heroische Verratsakt aus. So etwas schafft man schwer.

Was die *taz* daran gehindert hat, eine linke, eine politische Zeitung zu sein, liegt bereits vor ihrem Anfang, liegt in ihrem Ursprungsmythos. Sein Datum ist der Deutsche Herbst '77, sein Brandzeichen liest sich RAF. Das Bild der *taz* vom Politischen und ihre radikalen Reflexe sind von keiner anderen Erfahrung so deutlich markiert wie vom Trauma dieser gewaltsamen Geburt. Und ihr Erinnerungsvermögen reicht über den Deutschen Herbst nicht hinaus. Doch vielleicht ist ›Erfahrung‹ schon zu viel: Da die *taz*, immer noch zuerst eine Zeitung von Marginalisierten für Marginalisierte, keine anderen Erfahrungen vom Politischen machen konnte, mußte sie sich auch bis heute nicht fragen, welche Folgen und welche Verhinderungen in der Wahrnehmung von Wirklichkeit ihr das Signum RAF auferlegt.

Im umfangreichen Dokumentationsband zum Zehn-Jahres-Jubiläum *die taz – das Buch* ist vermerkt: »Die taz ist im wesentlichen aus den Diskussionen des Herbst 77 entstanden – sie ist eine Gründung gegen Nachrichten- und Kontaktsperren. Von daher ist ihre Geschichte auch eine Auseinandersetzung mit einer Justiz, deren Aufgabe es ist, Widerstand gegen ihre Dogmen zu brechen.«

Der Hinweis leitet einen kurzen Erinnerungsaufsatz des *taz*-Mitgründers, -Mentors und -Justitiars Christian Ströbele ein, der die Rolle der Zeitung als Auslöserin wie als Opfer des Paragraphen 130 a zur Verfolgung der sogenannten Gewaltpropaganda beleuchtet. Das ist auch alles, was die *taz* in ihrem Gedenkmal zu ihrem Ursprungsmythos, zum Deutschen Herbst festzuhalten hat.

Diese Vergeßlichkeit, die auch die quälende Dauerdebatte um die Zukunft der *taz* beherrscht, läßt sich erklären. Sie entstammt eben der Bewußtseinslücke, die durch das RAF-Syndrom entstanden ist und die *taz* daran gehindert hat, links, selbständig und frei zu werden. Mitgeholfen hat dazu auch eine weitere geistige Patenschaft aus derselben Zeit: Der TUNIX-Kongreß in der Berliner Technischen Universität im Winter 1978, das letzte große Sponti-Feuerwerk.

Wann immer die *taz* ganz *taz* war, war sie von Situationen der Gewalt angezogen, brachte sie verdeckte Gewalt zum Vorschein, sprach sie eine gewalttätige Sprache. Die einzige große Kampagne, mit der die Bewegungszeitung Leser an sich band, war ›Waffen für El Salvador‹. Links-Sein fand für die *taz* stets an Fragen der Gewalt seinen entscheidenden Punkt. Daß die Herrschaft, daß die staatliche Macht nicht hauptsächlich hinter den Schutzschilden der Polizei oder in Gewehrläufen wohnt, sondern in den Rechengeräten der Sozialversicherung und in den MUZAK-Teppichen über den Schalterhallen, hat die *taz* natürlich auch geahnt. Aber für die tägliche Verfertigung des Druckprodukts konnte sie damit nichts anfangen. Und noch die Kampagnen gegen die Volkszählung mußte sie als Widerstand gegen die Gewalt des Wohlfahrtsstaates inszenieren.

In der moralischen Geburt aus dem Deutschen Herbst liegt in der Tat die Legitimität der *taz*. Nämlich in jenem Moment der geschichtslosen Geschichte des Nicht-mehr-Staates und Niemals-mehr-Staates Bundesrepublik, in dem die RAF einen Riß ins Kontinuum sprengte und der Ausnahmezustand zu wittern war. Das Geschichtsgeniale der RAF war ja, daß sie der fernsehintegrierten Öffentlichkeit ein Szenario aufzwang, in dem der Staat an den Rand des Äußersten geriet. Und das war einer der seltenen Augenblicke, die der Bundesrepublik die Identität ihres Staates zeigte. Aber eben gerade einen Augenblick lang. Es gab nur einen zweiten von gleicher medialer Gewalt: Jenen Akt des Niederkniens in Warschau, der die deutsche Identität ein letztes Mal beschwor, indem er sie endgültig verabschiedete. Aber das war längst, längst vor der Zeit der *taz*, ging die *taz* deshalb nichts mehr an.

In den Riß, den der Deutsche Herbst zeigte, versuchte die *taz*-Gründung, ihren Fuß zu stellen, um ihn offenzuhalten. Doch gegen die Kraft der Integration und der kollektiven Verdrängung war eine Tageszeitung ein ziemlich ungeeignetes Instrument. Was die *taz*-Gründer, unerfahren wie sie waren, noch nicht wissen konnten. Sie stürzten sich ja in ihr Projekt mit einer Ahnungslosigkeit, die heute nur staunen läßt. Eine linksradikale Zeitung wollten sie machen. Was ihr Programm sein, wie überhaupt Inhalt und Form eines politischen Massenmediums zusammenstimmen sollten, kümmerte sie einstweilen wenig. Bis heute hat sich die *taz* eine programmatische Diskussion, aus der Folgen für ihr Zeitungsmachen entstanden wären, nicht geleistet. Eine politische Analyse der Zeit und der Zustände, in denen sich die *taz* als eine politische, linke, radikale Stimme bewähren will, wird man auch in den vielen neueren Planungspapieren des vergangenen Jahres nicht finden.

Einem programmatischen Gründungsdokument am nächsten kommt der ›Prospekt Tageszeitung‹ aus dem Jahre 1978 mit einigen Thesen übers künftige linke Blattmachen: Ein Entwurf von schlaffer Allgemeinheit, der noch nichts vom Temperament der *taz* verrät: »Die Tageszeitung soll kein Meinungsblatt werden, das jeden Morgen der Lektüre eines bürgerlichen Nachrichtenblatts einen linksradikalen Kommentar zur Seite stellt. Der Anspruch ist vielmehr, ein umfassendes Nachrichtenblatt zu machen, in dem außer den in Bürgerlichen Zeitungen üblichen Nachrichten und Informationen auch solche stehen, die gewöhnlich unterdrückt und verfälscht werden. Ob das Lesen der bürgerlichen Zeitungen sich damit erübrigen wird, hängt von der Quantität und Qualität der Berichterstattung ab.«

In der Tat ist die *taz* bis heute eine Zweit- oder Drittzeitung – für jenen Teil ihrer Leser, die für ihre Öffentlichkeit wichtig sind, aber auf Distanz bleiben und in der Zeitung selber nur selten auftauchen. Erstzeitung ist die *taz* für das allmählich schwindende Lesergemisch, das man früher die Szene nannte, das ihre Leserbriefseiten füllt, oft mit unsäglichem Gestammle, das ihr aber auch das anarchistische Flair verschafft – ohne das die *taz* nicht die *taz* wäre. Und hier steckt zur Zeit ihr Dilemma: Die *taz* möchte nach zehn Jahren glücklicher Unordnung endlich in der Hauptsache Erstzeitung sein. Um es zu werden, müßte sie aber den größten Teil jener heutigen Leser, die sie noch immer als ›ihre‹ Zeitung betrachten, loswerden.

In angemessen schauerlichem Deutsch machte der ›Prospekt Tageszeitung‹ Hoffnungen auf die Bewegungszeitung als Betroffenenorgan: »Die Zeitung soll nicht das Informationsblatt des linken Ghettos werden, sondern soll alle die ansprechen, die sich in den etablierten Tageszeitungen nicht wiederfinden. Die Probleme, Wünsche und Auseinandersetzungen, die sich auf der Ebene des Alltagslebens entwickeln, bei der Arbeit, in den Stadtteilen, auf den Dörfern, sind nicht bloß vernachlässigbarer Bestandteil des gesellschaftlichen Geschehens neben den ›eigentlichen‹ Ereignissen, sondern machen erst das wirkliche Leben aus. Auf diese Ebene, auf die vielen ›kleinen‹ Ereignisse, Wünsche und Probleme, will sich die Tageszeitung im besonderen beziehen.«

Die *taz* hätte das erste Jahr wohl kaum überstanden, wenn sie nicht sofort ihren Dilettantismus perfektioniert hätte. Und das hieß, solche Sentimentalitäten der Erdnähe abzubügeln. Immerhin hatten die Töne vom wahren Leben ganz drunten die mannigfachen Regionalinitiativen erwärmt, die um die Wiege der *taz* standen. Und auch daran glaubten sie: »Zur Bewegung gehört auch, was ihr fehlt. Dazu gehört auch eine bestimmte Art von journalistischem Professionalismus, den wir nicht einfach als selbstverständlich voraussetzen können, sondern den wir zumeist erlernen müssen – Leser und Redakteure gemeinsam. Die Gestaltung der Zeitung kann von vornherein keine endgültige Festlegung haben, sondern bleibt einem Lernprozeß vorbehalten, der zum Ziel hat, daß die Leser in den Spalten nicht nur die Spiegelung des ›miesen Alltags‹ oder die Unbill des politischen Lebens wiederfinden, sondern auch Spuren des Entwurfs einer konkreten Utopie.«

Dieser Verschnitt aus Bloch und oral history war das geistige Gepäck, mit dem man auszog, eine linksradikale Zeitung zu machen. So betroffen klagten also die direkten Erben, ja oft auch noch die Teilhaber der Studenten- und Intellektuellenbewegung, die zehn Jahre zuvor mit ihren scharfen Zungen die Universitäten ins Wanken gebracht hatten: Als ob es nie den SDS gegeben hätte, aber auch nie die Kommune II. Das Milieu der Initiativen, das der *taz* zum Leben verhalf, hatte von einer politischen Linken kaum mehr etwas an sich. Das sieht auch der Eröffnungsartikel in der ersten regulären Nummer vom 17. April '79: »Anders als die alternativen Tageszeitungen in Frankreich und Italien ist die *taz* nicht aus einer linken Bewegung, sondern aus einer linken Erstarrung entstanden.«

Die Linke war Ende der siebziger vor allem durch drei große Schwächungen niedergestreckt: Erstens, die Gegenwart der RAF innerhalb und außerhalb der Gefängnisse und in den Gräbern. Die RAF hatte in der politisch bereits ziellosen Linken ein Geflecht von Komplizen- und Mitwisserschaften geschaffen. Konspirativ war das wenig erheblich, moralisch um so mehr. Das bloße Informiertsein oder die ehemalige Bekanntschaft mit RAF-Leuten erzeugte Wehrlosigkeit und Isolierung, was vor allem durch Verdikkung von Solidaritätslügen kompensiert werden mußte. Die Dauererpressung durch die bloße Existenz der RAF erhöhte beträchtlich den Rationalisierungsbedarf in der desorganisierten, akademisch geprägten Linken. Fürs Politische war das, wie immer, unbekömmlich.

Die zweite große Schwächung bestand in den Demütigungen des pädagogischen Personals, die mit der Praxis der Berufsverbote zugefügt wurden. Am schmerzhaftesten darunter waren die Widerrufe und Canossa-Gänge von linken Hochschullehrern, die dem Mescalero-Brief zu seinem Echo verhalfen. Der war übrigens ein legitimer Vorläufer künftiger *taz*-Schreibe.

Die dritte große Schwächung der Linken schließlich bestand in der selbstinszenierten Lähmung des politischen Denkens und der politischen Sprache im akademischen Trockenverfahren. Der soziale Aufstieg vieler Tausende auf geistes- und sozialwissenschaftliche Universitätsposten war ja auch eine massenhafte Fluchtbewegung aus Links, bestenfalls eine Überführung der Protestbewegung in GEW und ÖTV. Die Karrieren und Selbstbestätigungen, die in diesen damals bereits ausgeleerten, matt gewordenen Wissenschaften von den Sozialaufsteigern gesucht werden mußten, waren nur mit gewaltigem Papierausstoß zu erreichen. Das war nicht einfach akademischer Opportunismus. Es hatten einfach alle Kräfte bildungsbürgerlicher Selbstkontrolle, wie sie noch die SDS-Sprache geprägt hatte, im Organisationsgewucher der Massenuniversitäten kapituliert. Um so leichter ließ sich diese sprachlose Intelligenz von den Kultus- und den Innenministern disziplinieren.

RAF-Erpressung und kümmerliche Solidaritätslüge – Selbstverachtung und gewissensvolle Lust an der Ohnmacht – Flucht vor der Aufklärung in die Wüste der Wissenschaft: Das war also das Linksklima, in dem nach dem Deutschen Herbst die *taz* ihren Weg machen wollte. Das versprach höchstens Sympathie-Abonnements. Aber nicht einmal die kamen in genügender Zahl. Ganze 7000 Vorausabonnements waren es, mit denen die *taz* im April '79 loszog. Mindestens 20000 hatte sie als Startgrundlage vorausgesetzt. Es ging also nur mit dem Mut der Verzweiflung, einer guten Portion Skrupellosigkeit und der Gewißheit, daß immer genug Sprengladungen herumliegen würden, die man zünden könnte. Die *taz* hatte so gut wie nichts, was zum Verfertigen einer Zeitung taugte, aber eines hatte sie: Furchtlosigkeit. Das war in dieser gedrückten Zeit das Wichtigste, und darauf konnte man in der Tat bauen.

Der betuliche ›Prospekt Tageszeitung‹, die gemeinsame Plattform der *taz*-Initiativen in der ganzen Bundesrepublik, scheint wenig zu diesem Draufgängertum zu passen. Doch für das *taz*-Milieu, das nur linke Teilbestände enthielt, aber nie links und politisch war, ging beides immer gut zusammen: Ein schwaches Profil, ja Profillosigkeit in programmatischen Fragen, überhaupt Widerwillen gegen konsequente theoretische Positionen – und ein immer wacher Angreiferinstinkt in einer bedenkenlosen Kraftsprache, die freilich schnell atemlos wurde. Das reichte fast nie, um einen Sachverhalt über eine ganze Seite zu beschreiben und zugleich zu analysieren. Und es reichte fast nie, öfter als dreimal in der Woche einen Leitartikel oder Kommentar auf die Beine zu stellen, der diesen Namen verdient hätte. Doch es reichte jeden Tag zu einer Reihe ganz kurzer Bögen, die gerade mit zwei oder drei bösen Vokabeln blitzten. Bei so gewichtigen Organen wie der ZEIT, nebenbei gesagt, reicht es oft zu beidem nicht.

Um zwischen Aggressivität und intellektueller Wurschtigkeit die tägliche Spannung fürs Zeitungsmachen zu erzeugen, müssen starke seelische und moralische Kräfte mobilisiert werden. Sie gedeihen am besten in einer Welt des egalitären Rigorismus, eines mehr oder weniger sanften Zwangs zur Gleichheit, der Radikalität ebenso verlangt wie erzeugt: Sansculottismus. Marx hätte die Produktionsmoral der *taz* als eine lumpenproletarische bezeichnet. Es ist die Kampfmoral von Berufslosen, die aus ihrer Gleichheit in der Nichtprofessionalität eine Kraftquelle kollektiver Tugend machen. Auch wenn es mit der Egalität in der *taz* nie so ganz stimmte, und auch wenn es fürs Überleben so mancher Hilfsmaßnahmen von draußen bedurfte. Das so lange durchzuhalten, war ein soziales Kunststück gegen jede soziologische und psychologische Regel.

Eine hinreichend große *taz*-Bevölkerung als Folie, Resonanzboden und Energiereservoir hatte nur ein Ort zu bieten: Berlin. Doch das sahen 1978 längst nicht alle *taz*-Initiativen so. In einem Basis-Papier, das von Oliver Tolmein und Detlef zum Winkel in ihrer Jubiläums-Polemik ›Tazsachen – Krallen zeigen, Pfötchen geben‹ zitiert wird, heißt es: »Für eine basisorientierte Zeitung, besser: für eine Zeitung, an der viele mitarbeiten, ist Berlin geographisch ein denkbar ungünstiger Standort.«

Als Alternative hatte sich Frankfurt angeboten. Doch wäre im Schatten der kapitalistischen Zentralen eine Zeitung der Marginalisierten, die sich mit der Macht des Kapitalismus nicht einmal gerne beschäftigten, denen überhaupt die Maschinerien des Fortschritts egal waren, kaum über die ersten Runden gekommen. Die *taz* brauchte eine Exklave, in der der Sog wirtschaftlicher Macht und wohlfahrtsstaatlicher Integration so wenig wie möglich auf der Haut zu spüren war. Das war natürlich nicht der Grund, warum sich das *taz*-Plenum im Dezember 1978 für Berlin entschied. Das waren vor allem die geringeren Lebenshaltungskosten, die immer noch breite WG-Kultur, die vielen Nischen, in denen sich berufslose Radikale vor Leistungs-, Anpassungs- und Konsumzwängen bewahren können. Schließlich findet sich in keiner anderen Region eine so dichte Alternativ-Kultur wie in Berlin. Die einschlägige Population ist mit mindestens hunderttausend Menschen seit vielen Jahren stabil und erneuert sich ständig: Voraussetzung für einen Lokalteil, der sowohl Leser als auch Redakteure durch Aktualität ernähren kann. Die 5 000 Abonnenten und die 18 000 täglichen Kioskkäufer (im 1. Quartal 1989) hätte die *taz* in einem anderen westdeutschen Zentrum schwerlich erreichen können. Ihr Einfluß reicht übers Lokale weit hinaus, er bestimmt mit dem Berliner Pendelrhythmus zwischen Überspannung und rotziger Indolenz die alltägliche Lebensführung der ganzen Zeitung. So bewegt sich ja auch das durchschnittliche Journalistenleben. Und die *taz*-Leute sind, mit ihrer Routine von Wachheit und Schlendrian, ganz durchschnittliche Journalisten.

Die *taz* gehört nach Berlin aus einem geradezu *taz*-existenziellen Grund. Die *taz*-Idee von Politik, die den größten Teil der politischen Wirklichkeit vermeidet, kann nirgend so gut wie in dieser wirklichkeitsfernen Stadt gedeihen. Nur hier konnte eine Kultur von marginalisierten Intelligenzlern so unbeirrt den trügerischen Glauben pflegen, der Kern des Staates bestehe in der Verfügung über die Gewaltmittel. Und darin liege auch der entscheidende Denk- und Handlungspunkt, liege der politische Begriff, an dem sich linke Radikalität letzten Endes orientieren müsse. In der Tat war ja Berlin die heimliche Geburts- und Hauptstadt der RAF. Der wirklich moderne, organisierte Kapitalismus hat die Stadt, die noch nicht einmal eine erstklassige Werbeagentur ernähren kann, bis heute nicht erreicht.

Die mörderische Gesundheit der autoritären Wohlfahrtsdemokratie, die Verhaltenssteuerungen der formierten Gesellschaft durch den Vorsorgestaat: Alle diese viel mächtigeren Kräfte, die Gewaltanwendung nur als Notlösung erlauben, prägen die Menschen und die Sozialität in Berlin weniger als in Frankfurt oder Dortmund. Auch eine linke Stadtverwaltung, der die *taz* als klammheimlicher Generalanzeiger und Sprachführer an der Geschlechterfront dient, kann noch keine moderne politische Klasse darstellen. Es fehlt an der Innenausstattung.

Kurz, in der Stadt, in der Politik zwangsläufig etwas Parasitäres hat, kann eine randständige Intelligenz, die größtenteils in der extern alimentierten Bildungsindustrie arbeitet und ohne starke soziale Bindungen ist, einem parasitären Begriff vom Politischen anhängen – und damit ein radikales Bewußtsein pflegen. Herbert Marcuse, dessen Namen viele *taz*-Leser nicht mehr kennen, hat vor fünfundzwanzig Jahren angesichts des US-Kapitalismus, der weit weniger Wohlfahrtsstaat kennt als Europa, in seinem Buch *Der eindimensionale Mensch* geschrieben:

»Unter der konservativen Volksbasis befindet sich jedoch das Substrat der Geächteten und Außenseiter: Die Ausgebeuteten und Verfolgten anderer Rassen und Farben, die Arbeitslosen und die Arbeitsunfähigen. Sie existieren außerhalb des demokratischen Prozesses; ihr Leben bedarf am unmittelbarsten und realsten der Abschaffung unerträglicher Verhältnisse und Institutionen. Damit ist ihre Opposition revolutionär, wenn auch nicht ihr Bewußtsein. Ihre Opposition trifft das System von außen und wird deshalb nicht durch das System abgelenkt; sie ist eine elementare Kraft, die die Regeln des Spiels verletzt und es damit als ein aufgetakeltes Spiel enthüllt. Wenn sie sich zusammenrotten und auf die Straße gehen, ohne Waffen, ohne Schutz, um die primitivsten Bürgerrechte zu fordern, wissen sie, daß sie Hunden, Steinen und Bomben, dem Gefängnis, Konzentrationslagern, selbst dem Tod gegenüberstehen.«

Ein bewegender Ausblick, dem sich damals viele der heutigen *taz*-Unterstützer, der *taz*-Altaktiven, gläubig hingegeben haben. Nur stimmte er seinerzeit schon nicht, heute erst recht nicht. Der Angriff auf's System von außen konnte nur zur RAF führen, die Macht des Wohlfahrtsstaats war, bis auf jenen winzigen Augenblick, immer überlegen. Die Trümmer, die übrigblieben, hat die *taz* eingesammelt und auf sich genommen, ohne sie politisch verwandeln zu können. Das hat ihr das Milieu, das sie trug, nicht erlaubt, es hat sie an ihrem parasitären Politikbegriff festgehalten. Erleichtert hat das die TUNIX-Erbschaft mit ihrem heiteren Kulturzynismus. Und dafür eben war Berlin die am besten geeignete Stadt. Schon durch ihre Leser abgeschirmt von den meisten Erfahrungen sozialer Schwerkraft im heutigen Kapitalismus, konnte sich die *taz* stets weigern, einen zeitgemäßen Begriff vom Politischen zu erwerben. Auf Neues kann sie daher nur mimetisch, meist mit Abwehrhaltungen reagieren. Diese Weigerung setzt eine selektive Wahrnehmung der Welt voraus.

Wie sieht nun die *taz*-Welt aus? Wie ordnet sich um dieses dauerhafte Fragment einer Tageszeitung die Wirklichkeit? Eine Voraussetzung liegt in ihrem genetischen Code: Sie soll so aussehen, daß man ihr an jedem Punkt mit Radikalität begegnen kann.

Was dem *taz*-Universum fehlt, fällt am meisten auf, wenn Schock und Charme die *taz* im Stich lassen –, das kann sich über Tage, ja Wochen hinziehen. In solchen Flaute-Zeiten blicken nicht wenige *taz*-Redakteure wehmütig und doch nur verstohlen hinüber nach Frankreich, zur großen Schwester *Libération*, zur *Libé*.

Sie hatte ein gutes Jahrzehnt früher ebenso angefangen wie die *taz*, als selbstverwaltetes Projekt mit Einheitslohn und einheitlichen Rechten. Beflügelt vom Mythos der chinesischen Kulturrevolution, überließ sie sich immer wieder den Eingriffen radikaler Lesergruppen, Brachialgewalt kam nicht selten vor. Jean-Paul Sartre als Straßenverkäufer der *Libé* wurde zu einer Ikone des Jahrzehnts, zu einem Altarbild für das Bekenntnis zur proletarischen Gegenöffentlichkeit. Die Aura verflog schnell, als die Kulturrevolution vorbei war und die Pariser Intellektuellen die große Scham überkam. Ist für die *taz* die RAF ihre Mythos-Wunde, so war es für die *Libé*-Intelligenz das Schweigen über Kambodscha und die Selbstverblendung gegenüber den Greueln der Kulturrevolution. Doch ist die linke Moral in Paris erfolgsorientierter als in Berlin, sie sorgt immer für die schnelle Schließung von Wunden. Für die *Libé*, die überleben wollte, bedeutete das: Völliger Umbau zu einer in allen Teilen kompletten Tageszeitung – zentrale Leitung und Verantwortung, wenn auch mit kräftigen Mitbestimmungsrechten – marktübliche Löhne und Honorare – Aufnahme von Fremdkapital. Eine solche Umwandlung eines sozialistischen Basis-Unternehmens kann nicht in Harmonie und Consensus geschehen, sie verlangt einen Akt der Macht, der Usurpation.

In der Tat war es ein Umsturz, ein Putsch, mit dem eine Redakteursgruppe um den Starjournalisten Serge July die Zeitung an sich riß – und daraus ein Printmedium machte, das in der heutigen Pariser Presselandschaft immer noch den linkesten Liberalismus vertritt.

Für die Orthodoxie in der *taz* ist die *Libé* das Modell eines Verrats, nicht einmal träumen davon sollen die *taz*-Redakteure. Als einige von ihnen Anfang 1989 den Entwurf einer neuen Unternehmensorganisation vorlegten, reagierte Christian Ströbele: »Was jetzt auf dem Tisch liegt, ist das *Libé*-Modell für die *taz*. Versteckt hinter dem juristischen Labyrinth ›Zentrales Unternehmensmodell *taz*‹ soll die *taz* zurechtgestutzt werden auf die Erfordernisse des Marktes – und die Autonomie der Redaktion ... Ich weiß, die putschistische Übernahme von ›Libération‹ in Paris durch einige Redakteure war schon immer für einige *taz*ler-Innen klammheimliches oder auch offenes Ziel ihrer Begierden.«

Denkbar wäre auch, daß da einige Leute um die vierzig endlich in ihrem Beruf erwachsen werden und deshalb die Unverantwortlichkeiten eines Radikalismus hinter sich bringen möchten, dessen Kosten für sie zu hoch geworden sind. Ströbele hat mit seiner Angst davor schon recht, daß Professionalität und Bewährung außerhalb des WG-Ghettos *taz* die kollektive Inkompetenz zerstören werde. Die aber braucht es, wenn die rigorose Gleichheit, nicht aber eine Tageszeitung der Zweck des Unternehmens *taz* sein soll.

Damit sind wir wiederum bei dem, was der *taz* fehlt, als Thema für ihre Schreiber wie als Problem für ihre Leser. Zum ersten: Die Welt der Wirtschaft kommt in der linken Tageszeitung nur in Spurenelementen vor, eine wirtschafts*politische* Diskussion oder auch nur Kommentierung so gut wie nie, höchstens aus Bremen. Wo die *Libération* täglich über sechs Seiten für Wirtschaft und Finanzen verfügt, hat die *taz* nur eine – bestenfalls. Manchmal fällt sie ganz aus, manchmal wird die Seite geteilt, etwa mit den Leibesübungen, wie sich der übrigens muntere Sportteil dort nennt. Ist es die ganze Seite, reicht das für zwei bis drei größere Berichte und für ebensoviele Kurznachrichten. Branchen-, Firmen und Regionalbeschreibungen füllen viel, auch größere Artikel stammen oft vom Agenturticker. Das ist zum Wirtschaftsleben zu wenig und zum Sterben zu viel. Immer noch sinnvoller sind da die paar großen, ganzseitigen Serien in jedem Jahr, zum Beispiel über Weltwirtschaftliches oder Europäisches.

Wem mit dieser Wirtschaftsseite gedient sein soll, ist nicht klar. Jedenfalls dient sie nicht der politischen Diskussion der Zeitung und ihrem linken Profil. Der Begriff ›Politische Ökonomie‹ ist hier nicht einmal eine ferne Erinnerung. Bezeichnend: Von den genau sechshundert Seiten, auf denen der Jubiläumsband ›Die *taz* – das Buch‹ bedeutende Artikel aus den letzten zehn Jahren reproduziert, gilt keine einzige der Wirtschaft. Vier Artikel haben mit theoretischer und historischer Kapitalismuskritik zu tun. Erster Schluß: die *taz*-Radikalität ist ums Ökonomische verkürzt.

Zum zweiten: in der linken Tageszeitung kommt bildungspolitische Information nur selten und zufällig vor, bildungspolitische Diskussion so gut wie nicht. Der Berliner Lokalteil bringt auf einer Seite wöchentlich die letzten Skandale aus der örtlichen Universitätswelt. Auch was aus den übrigen Regionen an bildungspolitischer Nachricht in die *taz* strömt, gehört zum gängigen Alarmwesen und kommt über Agenturstil nicht hinaus. Die *taz* verfügt unter ihren rund zweihundert Mitarbeitern über keinen bildungspolitisch kompetenten Redakteur oder Korrespondenten. Zweiter Schluß: Die *taz*-Radikalität ist um die Arbeitswelt ihrer Leser aus der Bildungsindustrie, ihrer einzigen geschlossenen Klientele, verkürzt.

Zum dritten: Nur am Rande interessiert sich die *taz* für Naturwissenschaften und Technik. Eine wissenschaftspolitische, eine technologiepolitische Diskussion wird in ihr nicht geführt – auch hierin sticht übrigens die *Libé* unter der übrigen französischen Tagespresse hervor. Dann und wann gibt es in der *taz* eine Seite mit Lesefrüchten aus den Naturwissenschaften, zumeist eher Kuriosa. Über Fortpflanzungsmedizin und Biotechnologie, vor allem Gentechnik, findet man vieles. Oft ist es derart aufgeregt geschrieben, daß man der Kompetenz der Schreiber mißtrauen muß. Gerne schreiben Frauen über dergleichen: Betroffenheitsthemen und daher leicht penetrant. Wissenschaftliches und Technisches, das nicht a priori zur Empörung einlädt, findet kaum Eingang in die Spalten der *taz*. Soweit die *taz* technischen Sachverstand an sich ziehen kann, ist er auf Ökologisches konzentriert. Dort traut man ihr dann auch, weil es nicht mehr prinzipiell alarmistisch zugeht. Für die Richtung der wissenschaftlichen und technischen Entwicklung kann man in der *taz* ebensowenig Interesse aufbringen wie für Alternativen in der Politik. Die Sozialwissenschaften kommen in der linken Tageszeitung ohnehin nicht vor, es sei denn feministisch. Wohin es mit der Wissenschaft und der Technik läuft, das betrachtet die *taz* im Grunde mit Fatalismus – der wiederum auf selektiver Wahrnehmung beruht. Dritter Schluß: die *taz*-Radikalität leistet sich nicht das Handwerkszeug für eine Kritik am Fortschritt.

Diese Defizite sind auch die Defizite der Grünen Partei. Kommt sie, wie in Berlin, ins Amt, muß sie ihre Inkompetenz offenbaren, wenn sie auf Wirtschaftspolitik, auf Bildungspolitik, auf Wissenschaftspolitik befragt wird. Die *taz* kann da auch nicht raten, sie kann noch nicht einmal kritisieren. Auch sind ihre Defizite damit nicht erschöpft. Von der Sozialpolitik weiß sie wenig, jüngere, familienlose Prekärverdiener scheren sich nicht um Rentenpolitik. Die Gesundheitspolitik kommt nur sporadisch und frauenbewegt vor, eine Diskussion über Kosten und Nutzen des Dämons Apparatemedizin könnte die *taz* nicht anleiten, gar selber führen. Das alles summiert sich. Es summiert sich zu einem enorm quirligen Betrieb, der in keinerlei Hinsicht an der Zukunft interessiert ist. Es scheint, nicht einmal an der eigenen.

Zu den Grünen als einem Teil organisierter Politik hält die *taz* freilich Distanz. Gerade aber weil sie für eine Plattform grüner Politik gehalten wird, wirken dort ihre schneidenden Kommentierungen. Politische Solidarität kann von der *taz* nicht verlangt werden, sie schenkt den Grünen genausowenig wie den Etablierten. Nur, und das ist eben doch viel, mehr Druckzeilen.

Im Bericht über eine Bundesdelegiertenkonferenz zum Beispiel springt die *taz* so mit der Partei um: »Daß diese Grünen Schwierigkeiten mit der Logik haben, läßt sich ja noch ertragen, aber nun schicken sie sich auch an, das Feld der Ökonomie zu erobern. Nachdem die verschiedenen Positionen über ein Wirtschaftspapier durch die ›Gurus‹ – ›Gurus‹ nennt die Basis jene Menschen, die das eine oder andere Buch gelesen haben und die sich ein paar Gedanken machen, bevor sie in ein Mikrophon sprechen – dargestellt worden waren, meldeten sich jene zu Wort, die meinen, daß es ausreicht, wenn man Ökonomie buchstabieren kann, um sich an einer wirtschaftspolitischen Debatte zu beteiligen.«

Damit mag die *taz* sich auch selber meinen. Denn jene Basis ist auch die ihre. Nicht nur muß sie ihren lebhaften Äußerungen jeden Tag reichliche Leserbriefspalten einräumen, deren Lektüre nur für das Milieu selber erquicklich sein kann. Sie muß ihrer Leser-Basis zuliebe immer auch ein Mindestquantum an rotzigem Spaß- und Nonsense-Schreibwesen bereithalten. Das aber fließt den *taz*-Journalisten, die schließlich auch etwas älter geworden sind, zusehends schwerer aus ihren Schreibcomputern.

Noch vor zwei, drei Jahren hätte man sich lächerlich gemacht, hätte man die *taz* mit schwerfüßigen Zumutungen wie ›Zukunftsinteresse‹ oder ›Kompetenz‹ angesprochen. Das betraf sie nicht. Und sie berief sich gern auf ihr Versprechen, das sie in der ersten Nummer gegeben hatte: Sie wolle ein Hetzblatt mit Körpersprache sein. Darüber läßt sich nicht streiten. Das geht gut, solange es gut geht und die Muskeln elastisch sind. Es ging erstaunlich lange gut, und über Jahre hin bestand die kleine Genialität der *taz* vor allem darin, daß sie die Kunst des Schocks täglich vorführen konnte und hart auf den sentimentalen Nerv ihrer Leser trat – noch ehe die überhaupt wußten, wo er saß. Ein Klassiker des *taz*-Schockens ist zum Beispiel der Sterbehilfereport vom Oktober '87. Überhaupt setzte der Schockhammer der *taz* am besten an, wenn er auf Vitales treffen konnte: Schamverletzung. Das Politische dagegen kann man mit der Kunst des Schocks, die ja nur den Aufschrei des Lesers will, nicht anfassen. Dafür braucht es den Witz, die Säure, die das Objekt vor der Öffentlichkeit angreift.

Politischer Witz in der *taz* reicht gerade für die Überschrift und die ersten zwei Sätze. Zur größeren politischen Satire reicht den *taz*-Journalisten zumeist der Atem nicht, doch lockt ihr Klima bisweilen gute Gast-Schreiber an, die sich von ihr inspirieren lassen. Auch das ist ja etwas.

Es liegt in der Natur der *taz*, eben in ihrer veitstanzartigen Wachheit am jeweiligen Tag, daß sich gerade ihre gelungenen Leistungen schlecht zitieren lassen. Hier trotzdem ein Versuch, ein kleines Stück ›typisch *taz*‹ vorzuführen. Es stammt vom Februar '88, die Überschrift: ›Nimm ihn wieder, Erich‹.

»Als Musikkritiker ist Erich Honecker einsame Spitze: Die Entscheidung, Stefan Krawczyk des Landes zu verweisen, ist unter rein künstlerischen Gesichtspunkten von seltener Geistesschärfe: Ein eindeutiges, konsequentes Votum gegen Gesangsjammern (›Abgestürzt vom Rand der Tränen/lang genug umsonst geheult ...‹ usw.) und talentlose Lyrik, die das übliche Betroffenheitsmittelmaß noch unterschreitet.

Im westdeutschen Kulturbetrieb haben »Dichter ab zwei Groschen abwärts« (Morgenstern) ohnehin die allerbesten Erfolgsaussichten; handelt es sich dann auch noch um authentisch-östliche Schmerzensmänner, ist quasi alles klar und geritzt; Krawczyk wird uns als Themanummereins, als Idealtypus des Vollheroen medial um die Sinne geschlagen, und U. Lindenberg will ihn auch noch bei mir und bei sich singen lassen, ein doppelter horror teutonicus.

Ein selten gerechtes Schicksal hat Stefan Krawczyk zunächst nach Bielefeld verschlagen – einen geistverlasseneren, niederschmetternderen Ort kann es auch in der DDR nicht geben –, mittlerweile ist der bis tief in die Knobelbecher hinein ehrliche Sänger allerdings von dort entwichen. Da dringend zu befürchten steht, daß Krawczyk trotz allem aus alten Repressalien irrtümlich eine Qualität seiner Künste ableiten und lauthals verkünden wird, hier eine Bitte um humanitäre Hilfe an Honecker: Nimm ihn zurück, Erich! Er will es so demonstrativ, und wir wollen es wirklich.«

Das ist schon wieder urlange her – wie alles in der *taz*, was gestern war. Und der Autor Wiglaf Droste, ein *taz*-Produkt und ein *taz*-Produzent reinsten Wassers, ist mit einer der jüngsten Krisen weggegangen. (Und nun ist er auch schon wieder da.) Je schwächer die anarchistische Lustigkeit der *taz* wurde, je mehr ihre Kraft zum Schock schwand, desto mehr drängte sich eine

Witzigkeit hervor, die sich vor allem aus kleinbürgerlichem Zynismus nährte. Geschmacklos war die *taz* ja schon immer, aber in ihren guten Jahren war sie geschmacklos in kultureller Absicht – und deswegen selten peinlich. Heute ist sie es allzu oft. Vornehmlich auf drei Feldern gelingen ihr Peinlichkeiten: Sexualität, Religion, Frauen.

Daß im heutigen deutschen Kulturzustand Blasphemien nicht verübt werden können, weil Glaubenssymbole auch von den Gläubigen als Zeichen begriffen werden und an ihnen der Glauben nicht zu schänden ist – dies ist seit Jahrzehnten eine ausgemachte Sache. Bei der Minderheit der Gläubigen ebenso wie bei der Mehrheit der Ungläubigen erregt eher Mitleid, wer meint, durch Beschmutzung oder verzerrende Ironie die Religion zu treffen. Ja, nicht einmal wenn die weiß Gott Anlaß gebende Amtskirche zu Rom an ihren Insignien karikiert wird, wird damit die Religion erreicht. Daran glauben nur noch ein paar Staatsanwälte auf dem Abstellgleis und der unverwüstliche Karlheinz Deschner. Nichts Antiquierteres also als die Blasphemie.

Die *taz* verspürt von Zeit zu Zeit ein lebhaftes Bedürfnis dazu. Mehr noch als in Texten geschieht es im Bild: Verunstaltungen des Kreuzes und des Gekreuzigten in Photomontagen zum Beispiel, und vor allem die Cartoon-Serien der Wiener Hauszeichnerin Elisabeth Kmölniger. Ihre Einfälle zum Abendmahl als feinschmeckerischer Kannibalenveranstaltung zu Ostern '87 ließen das Berliner Erzbischöfliche Ordinariat die Staatsanwaltschaft bemühen. Die Schmähungen des Geburtsgeschehens zu Weihnachten '88 lösten eine Flut von empörten Leserbriefen aus. Die *taz* mochte sich das als Erfolg an der ›Spaßfront‹ anrechnen – ja, das Erzspießerwort kommt in ihr tatsächlich vor. Qualifizierende Ausdrücke für diesen *taz*-Humor selber stehen nicht zur Verfügung.

Eine befriedigende Erklärung für diesen periodisch auftauchenden Regressionstrieb des *taz*-Milieus gibt es nicht. Die Umwelt der *taz*, zumal die Berliner, ist mit Religiösem kaum je konfrontiert, sie weiß auch schwerlich Religion und kirchliche Institution auseinanderzuhalten. Sicherlich hat dieser Infantilismus etwas damit zu tun, daß sich das Marginalisierten-Milieu der *taz* immer wieder durch die Tausende junger Leute erneuert, die Jahr für Jahr ihre verlängerte Adoleszenz nach Berlin schleppen, weil sie

sie dort nicht so schnell loszuwerden brauchen. Doch mit jugendlicher Idiotie ist wenig erklärt. Es geht damit wohl nicht anders als mit dem gelegentlichen Drang ganz unauffälliger Minderjähriger, mühsam jüdische Grabsteine aufzusuchen, um sie umzuwerfen.

Die blasphemischen Krakeleien der *taz* sind keine Ausrutscher einer Projektgemeinde, von der das Ausrutschen bisweilen zum Prinzip stilisiert wird. Daß sie Methode haben, zeigt eine andere Regressionsweise, die sich nicht selten mit dem Bekleckern religiöser Symbole verbindet: Die brutale Demonstration von Sexuellem. Das geschieht bisweilen mit Bildmaterial, häufiger mit Texten. Die *taz* glaubt vermutlich ihrer Radikalität etwas schuldig zu bleiben, wenn sie nicht in bestimmten Abständen in Überschriften herzeigte, was die deutschen Pendants zu den englischen *four-letter-words* sind. Bei genauer Nachprüfung würde man eine Regelmäßigkeit in der Verteilung von verbalen Sexualgrobheiten feststellen können. Das läßt auf Routine, auf Pflichtverhalten schließen.

Man muß auch annehmen, daß die Brutalsprache der *taz* als Regulierungssystem für Aggressionen innerhalb der Redaktion dient. Die Mehrzahl der Redakteure billigt dergleichen nicht oder leidet sogar darunter, das kann man an ihrer Schreibweise ablesen. Doch ist das, wie gesagt, nicht nur eine Sache dieser Zeitung, sondern gehört zur Lebensweise eines Milieus. Eine Verelendung ist es gewiß. Es gibt in der *taz*, wenn auch nicht eindeutig auf Gruppen und Personen zurechenbar, einen konstanten Bestandteil an Verluderung. Einer Verluderung, die zum guten Teil aus Hilflosigkeit kommt – und deswegen so gut zum Erpressungsmittel taugt. Es ist das lange geübte Sponti-Muster, das man schon zwanzig Jahre lang kennt, von der Kommune eins und der Kommune zwei: Intellektuelle Standards, die sich mit politischer Organisation verbinden und daher bürgerliche Verhaltensdisziplin erfordern, werden durch sansculottistische Schamverletzungen gesprengt – im Namen von Gleichheit und Natürlichkeit. Merkwürdigerweise sind linke Intellektuelle dagegen meistens wehrlos. Das gilt besonders für Gemeinschaften, die wie die *taz* durch ein egalitäres Armutsethos zusammengehalten werden. Die kollektive Selbstausbeutung, ohne die es die *taz* nicht gäbe, erzeugt ihre eigene Korruption.

Zum Spektrum der *taz*-eigenen Antiquiertheiten, die überdurchschnittlich oft Peinlichkeitsgefühle erregen, gehören zum dritten die Frauenseiten. Da im heutigen Zustand gesellschaftlicher Bewegung aus den feministischen Themen kein einziger Funken mehr geschlagen werden kann, ist bereits die Abschließung von Frauenthemen auf Frauenseiten bloße Regression. Sie verurteilt nämlich zur endlosen Wiederholung des Immergleichen, zur Selbstlähmung. Und weil der aufklärende Begriff, wo die Notwendigkeiten und die Chancen zum vernünftigen Handeln so sonnenklar vor aller Augen liegen, hier nichts mehr zu schaffen hat, muß die Mühle der Frauenseiten durch das Halbbildungsvokabular der schlechten Akademisierung getrieben werden. In dieser Lage befindet sich auch die Frauenseite der *taz*. Nicht, daß sie dümmer oder schlechter geschrieben wäre als so vieles andere auch. Nur ist sie peinlicher als vieles andere in der *taz*, weil sie das Steckenbleiben der Mittelklassen-Emanzipation markiert. Die halbbildungsansprüchliche Radikalität der Frauenseiten, in der *taz* ebenso wie überall sonst, läuft noch nicht einmal der Wirklichkeit hinterher. Die ist längst woanders. Natürlich muß man eine Klientel bedienen. Wenn aber die *taz* insgesamt zukunftsneugieriger und kampflustiger wäre, wenn sie auch nur zeitgemäß sein wollte, würde sich die Frauenseite als überflüssig erweisen. Da sie offensichtlich mit einiger Mühe produziert wird, unterstreicht bereits ihre Anwesenheit, daß das *taz*-Projekt von einem politischen Entwurf nur noch wenig an sich hat.

Nach den frühen Jahren des Durcheinanders hat sich die *taz*, um in einem halbwegs festen Gerüst arbeiten zu können, auf Rubriken oder Sparten verteilt, die von eigenen Redaktionsgruppen produziert werden. In dieser Aufteilung sieht sie fast wie eine bürgerliche Zeitung aus. Doch nun fällt sie noch stärker auseinander, stellt die Welt noch zerrissener dar als die bürgerliche Morgenzeitung, die durch ihre Schreibweise, ihre Professionalität und ihre Stereotypen von Öffentlichkeit zusammengehalten wird. Das wird dadurch verstärkt, daß sich die *taz*-Redaktion zeitweise wie eine lockere Föderation von Einzelgruppen verhält, die nur aus Not kooperieren. Die Spiegelung der Weltzerrissenheit wäre für eine radikale Zeitung eigentlich ein richtiges Prinzip. Nun wird sie durch eine konventionelle Arbeitsteilung in konventionellen Spartenaufteilungen herbeigeführt, ohne doch die Vorteile und die Sicherheiten journalistischer Professionalität hinter sich zu haben.

Noch einmal der Prospekt: »Die Probleme der Arbeitsteilung, des rigiden Produktionsdrucks, der Machthierarchie unter den Mitarbeitern, werden wir nicht einfach über Bord werfen können. Aber wir wollen uns nicht vorschnell mit ›Sachzwängen‹ befreunden. Wir werden so weit wie möglich versuchen, im Alltag der Zeitungsherstellung unsere Interessen an repressionsfreien Arbeits- und Lebenszusammenhängen durchzusetzen.«

So hieß es 1978. Davon stimmt heute gerade noch die Form, die mit Mühe zusammengehalten wird. Der *taz* ist alltäglich diese Mühe, die durch kein Gelingen des Produkts belohnt wird, anzumerken. Über das Scheitern des Experiments ist freilich nicht zu höhnen. Sie haben sich gewaltig angestrengt und sich dabei Wunden geschlagen, die niemand sonst ertragen würde. Nach zehn Jahren ist die *taz* eine über und über vernarbte Zeitung – und das scheint Wetterfestigkeit zu versprechen. Doch ehe wir auf's Positive an der *taz* kommen, sagen wir, auf's *mögliche* Positive, noch ein Blick auf jenen *taz*-Teil, der sich inmitten der vielen Ermüdungen in aktueller Frische gehalten hat, die Kultur.

Ein eigener Kulturteil in der *taz* hat etwas Widersinniges, wenn man die Zeitung an ihren ursprünglichen Absichten mißt. Nicht nur deswegen, weil die Rubrik, die sich mit den Ereignissen und den Werken im Schonbezirk des Zwecklosen beschäftigt, immer die Neigung haben wird, zum Feuilleton herabzusinken – das für das Milieu natürlich etwas Unerträgliches ist. Sondern auch deswegen weil, wer *taz*-gemäß in und mit seiner Zeitung lebt, die Anleitung von Fachleuten für die Aneignung von Kulturprodukten nicht braucht. Ebenso wie in der Ideal-*taz* alles politisch ist, ist auch alles kulturell. Und wenn man TUNIX richtig begriffen hatte, dann konnte die *taz* nur ein dauerhaft mobiles Gesamtkunstwerk der politischen Bewegung sein. Also war der besondere Kulturteil der *taz* immer mit etwas schlechtem Gewissen behaftet. Aber auch mit dem Desinteresse der übrigen Sparten.

In der Jubiläumsdokumentation stellt ein Kulturredakteur fest: »... wirklich eingemischt hat sich sehr selten jemand – auch zu Beginn unserer Arbeit nicht. Jedenfalls nicht konkret. Weil sich kaum jemand um die Spektren von Kunst und Kultur wirklich kümmerte. Weil Kultur ja doch nicht so wichtig ist. Weil man nicht so direkt zugeben wollte, daß man keine Ahnung hat, was kulturell wirklich wichtig ist.«

Eine Ahnung davon, was kulturell wirklich wichtig ist, konnte auch die Kulturredaktion nicht geben. Sie hat gar nicht versucht, sie herzustellen. Auch der beste kritische Kulturjournalismus, hätte man über ihn verfügen können, wäre hier fehl am Platze gewesen. Die etablierte Unterstützer-Klientele liest ohnehin das FAZ-Feuilleton, die Szene- und Bewegungsleser andererseits fangen schon zu zappeln an, wenn mehr als sechs Sätze syntaktisch gut aufgebaut, grammatikalisch fehlerlos und in der Folge der Argumente konsequent sind. Was den Phantasiehaushalt der zwanzigjährigen *taz*-Leser erfüllt, ist für die älteren Leser nach Inhalt und Form völlig unverständlich – und umgekehrt. Die Kulturredaktion machte aus dieser Not eine unkritisierte Tugend – und repräsentierte einfach das nachbürgerliche Kultur-Gelände in seiner ganzen Zerstörtheit, indem sie die einzelnen Fetzen dieser Kulturen übereinander auf ihre Seiten warf. Meditationen von Jacob Taubes über Carl Schmitt und aufsteilende Stammeleien von Hans Jürgen Syberberg über Trauerarbeit lagen da auf derselben *taz*-Kulturfläche wie das bekiffte Geraune des Alt-Sponti Wolfgang Neuss und die Ereignisberichte aus dem Kulturhimmel der Szene-Jugend, die höheren Altersgruppen nur mit Hilfe von Übersetzungen zugänglich waren. So nahm man halt, gute Kauwerkzeuge vorausgesetzt, von der *taz*-Kultur das Zuträgliche und ließ das übrige liegen.

Weil auch ein aufs Äußerste erweiterter Kulturbegriff das Durcheinander nicht ertragen ließ und weil Kulturredaktionen ihre Orientierung brauchen, hat man schließlich getrennt: Hier die eigentliche, die Denk- und Kunstkultur, dort die Berlin-Kultur fürs Jugendvolk, schließlich die Medienseite für militante Harmlosigkeit. Im Sinne der *taz* war das eine legitime Lösung, die das A-Politische der *taz*-Kultur erst recht hervorhob. Den Verzicht auf eine ästhetische Diskussion als eine politische und moralische Anstalt hatte ja die *taz* von vorneherein geleistet.

Heute findet man in der *taz*-Kultur, die sich Feuilleton nicht zu nennen wagt, zwar manchmal größere Perlen – in den letzten Jahren stammt allerdings reichlich viel aus den esoterischen Untiefen des neuen Berliner und des Pariser Akademismus. Weil man jedoch auf angenehme Überraschungen hoffen darf, riskiert man bisweilen gerne einen Blick auf die schwer zu lesenden Spalten. Lay-out und Kolumnenbreite der *taz* sind bekanntlich auf

Leser abgestellt, die unter speziellen Legasthenien leiden und ihre geistigen Erfahrungen nicht aus längerdauernder Buch-Lektüre gewinnen durften. Das muß man wohl respektieren. Aber übers Ganze gesehen ist der Kulturteil der linksradikalen Zeitung ein unterfüttertes, aber von allzuviel Anspruch gedrängtes Feuilleton, das eigentlich für eine Wochenzeitung gedacht ist. Im publizistischen Ergebnis ist jedenfalls das Feuilleton der FAZ um erhebliche Längengrade weiter links angesiedelt als das der *taz*. Es ist nämlich, auch wo es konservativ sich zeigt, präsent und kritisch am jeweiligen Tag. Das ist der Kulturredaktion des Sponti-Blattes nicht gegeben. Leider ist das auch eine Sache des Geldes. Radikale und geistesgegenwärtige Schreiber wären zu teuer, als daß die *taz* sie sich leisten könnte.

Und wo bleibt, am Ende, das Positive? Ist die *taz* wirklich nur diese nicht mehr sehr muntere Postille für die ältere und die jüngere Lumpenintelligenz? Ist sie nicht nur diese Berliner Versandstelle für die nicht ganz grünen Lebenslügen der Linken, die in ihrer Fünfzigtausender-Nische nur überlebt, weil keine jüngere und modernere Konkurrenz ihr ans Leder will? Verdankt sie ihr Fortleben nur einem Milieu, das sich in seiner Marginalisierung ganz wohl fühlt und sich mit einem sozialromantischen, einem parasitären Begriff vom Politischen begnügt?

Nicht nur. Es wird schon mehr dran sein an der *taz* als ihre Zähigkeit zum Überleben, auch wenn es oft kaum mehr ist als das nackte. Sonst würde man ihr ja keine Zukunft geben. Das tut sie natürlich selber, aber es tun auch manch andere, sogar Medienexperten und potentielle Geldgeber. Das freut einen für die *taz*. Ob es einen schon für einen erfrischten Geist der Aufklärung freuen darf?

Ihren Befreiungsschlag hat die *taz* noch vor sich. Sie weiß selber, daß er bald kommen muß.

Nachrede auf die politische Meinung

Jede öffentliche Scham- und Trauergebärde über deutsche Untaten, die heute auf deutschem Nachfolge-Territorium geübt wird, trägt einen Makel der Schamlosigkeit. Sich hierzulande das Recht auf Scham und Klage über vergangene Schuld zu nehmen, bleibt eine Anmaßung. Dieses Recht müßte erst erworben werden: durch eine zivile, d. h. politische Gesellschaft. Doch die Population auf deutschem Boden verharrt nach wie vor im politischen Unzustand ... unzivilisiert. Diese deutsche Apolitie ist längst keine auferlegte mehr, sondern eine kollektiv und freiwillig hingenommene. Sie ist selbstverschuldet nicht von gestern her, sondern von heute. Sie hat, wie man später einmal befinden wird, sich vor allem in den beiden letzten Jahrzehnten vertieft.

Die politische Klasse – die politisch zu nennen sich eben deswegen verbieten sollte – repräsentiert aufwendiger denn je die deutsche Apolitie. Zur Repräsentation gehört, daß sie sich zwangshaft und fortwährend jener schamlosen Scham- und Trauerrhetorik hingibt. Dafür genießt sie stillschweigende Mißachtung, draußen wie drinnen. Jener unglückselige Parlamentspräsident stolperte nicht einfach über seine undisziplinierten Reflexe, über die blinde Apologetik des deutschen Macht-Kleinbürgers, er fiel in die Leere des deutschen politischen Unzustandes. Die Sprache, in der er den deutschen Sachverhalt begreifen wollte, versagte sich; es war, da die Deutschen über eine politische Sprache nicht verfügen, nur Jargon zuhanden. Und die entsetzte Reaktion darauf verriet zuerst eines: Das kann jedem von uns passieren.

Da gibt es dann die eine Rede des ersten Repräsentanten, die allein dadurch, daß sie Maß hält, hundert Tölpeleien der Funktionärskaste aufwiegen soll. Daß man sie so nötig hat – und ihr ergriffen wie einem Akt höchster Äquilibristik beiwohnt –, zeigt erst recht, welche Fellachensprache die Regel ist. Und daß das Selbstverständliche dieses Textes über die Maßen gefeiert werden mußte und damit seinen Erfolg wiederum zur deutschen Peinlichkeit machte, entzieht ihn am Ende der Zitierbarkeit.

So verdammt ist die deutsche Lage. Ihr ist nicht zu entkommen, wo und wie immer über die Chance des Politischen und die Möglichkeit öffentlicher Sprache gehandelt wird. Das Verschwinden der Politik in der Wohlfahrtsdemokratie ist gewiß nicht nur eine deutsche Angelegenheit. Anderswo kann man, um es als einen geschichtlichen Prozeß zu begreifen, immerhin bei den demokratischen Gründungsakten beginnen, bei der Revolution oder der Menschenrechtserklärung oder bei Rousseau. Bei uns muß, da kein politisches Wort von Belang und auch kein belangvolles Wort über Politik von jenem Bann befreit ist, immer wieder an dem einen geschichtsvernichtenden Punkt angesetzt werden. Darin steckt übrigens eine eigene Modernität.

Die Apolitie, ein in allen Wohlfahrtsstaaten von der Masse der Wahlbürger als selbstverständlich und bequem empfundener Zustand, hat ihren Preis. Er besteht darin, daß jedermann dauernd dazu aufgefordert ist, eine Meinung zu haben und zu äußern und somit an der Simulation des Vernunftfortschritts mitzuwirken. Kein Schritt aus dem Haus, dem nicht die fragende Demoskopie folgte. Keine Information, die als solche gelten darf, ohne den stillen Zwang, ein Urteil daraus zu gewinnen, das irgendeine Verbindlichkeit gegenüber der Gesellschaft anzeigt. Die elektronischen Massenmedien, moralisierende Anstalten bis ins dümmste Ratespiel am Samstagabend hinein, verpflichten flächendeckend zum fortwährenden Meinunghaben. Und alles, was sie mitteilen, ist so organisiert, daß jeder das Gefühl haben darf, es sei seine eigene Meinung, die er sich da bilde, sein Urteil, seine Entscheidung – für das Richtige.

Daß jedermann immer eine Meinung zu den öffentlichen Dingen haben soll, weil er sie – vor allem mit Hilfe der Medien – haben kann, entlastet davon, sich selber in die Dinge zu mischen. Die nie aufhörende Mobilisierung von Meinung garantiert die politische Bewegungslosigkeit. Was Tocqueville für die noch frischen, revolutionsgeborenen Aufklärungsdemokratien vorhersah, die im Verfolg und zur Bewahrung privater Freiheit notwendige politische Apathie, nämlich als eine Dämpfung der gemeinschaftsstörenden Leidenschaften, ist im Wohlfahrtsstaat zur Vollendung geführt worden. Wenn unter dem liberalen Begriff von bürgerlicher Freiheit die Privatheit das Nicht-Haben-Müssen von Meinungen zu den öffentlichen Dingen einschloß, so ist dies in der wohlfahrtsstaatlichen Massendemokratie nicht mehr möglich. Vom Gebrauch der Massenmedien kann sich niemand ausschließen, der irgend an der Gemeinschaft teilhaben will. Und auf Gemeinschaft, in Form vor allem von Organisation, ist fast jedermann angewiesen. Wenn von zunehmender Privatheit oder von Individualisierungsschüben in den Wohlfahrtsdemokratien gesprochen wird, so gehört dazu die unerläßliche Partizipation am Mediengebrauch, der ein Nicht-Haben von politischen Meinungen nicht zuläßt.

So ist denn gerade die deutsche Apolitie mit einem hohen Informationsstand und einem außergewöhnlichen Meinungs- und Moralaufwand des Publikums ausstaffiert. Die Leute sind über zehnmal mehr informiert und haben über zehnmal mehr Probleme des Landes und der Welt eine Meinung, als sie es eigentlich für ein vernünftiges und verantwortliches Verhalten bräuchten. Und wo die Bewohner anderer europäischer Republiken es sich mit dem Informiertsein und Meinunghaben bisweilen bequem machen und alle Viere grade sein lassen dürfen, sind die Deutschen aufgrund ihres politischen Unzustandes zur unausgesetzten Informations- und Meinungsenergie verpflichtet. Das befördert auch die Dynamik dieser mobilen Mittelklassengesellschaft. Sie ist übrigens, was die Partizipation an Meinung und durch Meinung angeht, in ihrem tatsächlichen, wenn auch nicht emphatischen Egalitarismus im Grunde viel jakobinerhafter als etwa die französische oder die englische. Jakobinerhaft freilich ohne Tugend und Guillotine, also ohne Risiko. (Jene noch klassengeprägten Gesellschaften enthalten weiterhin zahlreiche Nischen, in denen man keinem Zwang zu Meinung und Moralbekundung ausgesetzt ist – und somit Privatheit ohne schlechtes Gewissen genießen kann.)

Naiv ist daher der alte linke Vorwurf der Depolitisierung der spätbürgerlichen bundesrepublikanischen Gesellschaft, womit vor allem eine systematisch erzeugte Ignoranz über öffentliche Angelegenheiten und infolgedessen Gewissenlosigkeit gegenüber dem Gemeininteresse gemeint waren. Im Gegenteil, der Wohlfahrtsstaat ist an der Apathie der Bürger durchaus nicht interessiert. Er fordert vielmehr unablässig zur Meinungsbildung auf und sorgt für breite Informiertheit. Freilich nicht, weil ihm, als der geronnenen *volonté générale*, so sehr an einer Legitimation durch die informierten Bürgerwillen gelegen wäre, die ihm zugleich als Kompaß dienten. Sondern vor allem deshalb, weil mit der ständigen Meinungsmoral-Produktion durch die Gesellschaftsteilnehmer einer

Reihe von Staatszwecken gedient ist, die in ihrer Summe die wohlfahrtsförderliche Apolitie konservieren:

- Da Meinungsäußerung immer gegen andere Meinungsäußerung steht, ist sie notwendig konstruktiv; lebhaftes Meinungswogen hält die Mobilisierung auf Zukunft hin aufrecht, die der auf Pump und Versprechen gebaute Wohlfahrtsstaat braucht. Schweigen dagegen ist, weil daraus prinzipielles Mißtrauen in ›Entwicklung‹ zu lesen ist, asozial.
- Je regerer Meinungsbetrieb herrscht, desto besser bleibt der Anschein von Egalität gewahrt. Dem dient nicht zuletzt die Demoskopie. Jedermann bedauert, wenn er bei seiner täglichen Zeitungslektüre die letzten Meinungsbilder über dieses und jenes betrachtet, nicht selber in die jeweiligen Samples eingeschlossen gewesen, nicht mitbefragt worden zu sein.
- Das Meinunghaben, das jederzeit zur Stelle sein soll, weil das Beteiligtsein an der Aktualität konstruktives Bürgerverhalten beweist, muß immer ganz auf die Materien, auf die umstrittenen Gegenstände gerichtet sein – eben weil man von ihnen in der Regel nicht viel versteht. Man möchte sich, um mit seinen Ansprüchen zurechtzukommen, sachkundig machen. Diese Konzentration auf die Sache garantiert, daß die Institutionen, an deren Form sich letzten Endes die Gegenstände entscheiden – was die wenigen Kompetenten wissen, aber deswegen nicht zur Diskussion stellen – außer Betracht bleiben. Doch fast jedes Thema, das auf den Meinungsmarkt gelangt, ist schon vorab bürokratisch gemodelt, ist in Frage und möglichen Antworten nach wohlfahrtsstaatlichen Verwaltungsbedürfnissen organisiert. Die Erzeugung von Meinungen, also die Herstellung eines Publikums, erzeugt zugleich die stillschweigende Zustimmung zu den Institutionen.

Politiker und Journalisten können nur Leute sein, die auf die politischen Institutionen nie einen Gedanken verschwenden und die Rationalität der Verwaltung für selbstverständlich halten. Wer zum Beispiel anfinge, an der gottgegebenen Vernünftigkeit der Haushaltsordnung oder der ministeriellen Pressekonferenz zu zweifeln, wäre als politischer oder journalistischer Funktionär bald unbrauchbar. Da jedermann mindestens einer Organisation angehört, in der Regel sogar mehreren, weiß er, daß die Sinnfrage an Institutionen nicht zu stellen ist, daß sinnvoll nur über die

Weisen ihres Funktionierens gestritten werden kann. Wer die Sinnfrage dennoch stellt, erweist sich als inkompetent und schließt sich von der meinungsmoralischen Debatte aus.

Es gibt also für eine autoritäre Wohlfahrtsdemokratie wie die Bundesrepublik Gründe genug, den lebhaften Austausch öffentlicher Meinung zu fördern und sie den Medien anzuvertrauen. Das Medienprivileg für Öffentlichkeit sichert nämlich – und insoferne könnten die Politiker getrost auf jeden Einflußversuch verzichten –, daß der Betrieb des Politischen nicht durch Begriffe vom Politischen gestört wird, daß die politische Klasse, mag sie schon allgemeine Verachtung genießen, in ihrer Notwendigkeit nicht angezweifelt wird. Es gibt keinen Begriff des Politischen, der nicht auf die Institutionen und die Vollzugsformen der Herrschaft gerichtet wäre, und dagegen bilden die institutionengläubigen Medien, vorab die intelligenzbildenden, die beste Barriere.

Die Bildung öffentlicher Meinung zu den laufenden Ereignissen aller Art durch die Medien, vorab die Intelligenzpresse, hat während der letzten zwanzig Jahre, entgegen dem allgemeinen Glauben, an Irrelevanz ständig zugenommen. Gewiß werden die herrschenden Vorurteile übers sozial Vernünftige und Wünschbare in erheblichen Mengen durch die Medien hin- und hertransportiert – nicht zuletzt mit Hilfe von Unterschriftslisten der Repräsentativ-Intellektuellen –, aber auf das Funktionieren der Institutionen hat das nur geringen Einfluß. Deren Kurskorrekturen und Anpassungen werden weit mehr vom Organisationsinteresse und der Selbsterhaltungslogik bestimmt als durch Einsichten, welche die medienvermittelte Meinung erzwänge. Deswegen können die Rücknahme einer Raketenposition oder der ökonomisch gebotene Verzicht auf ein kerntechnisches Vorhaben für den öffentlichen Meinungsbetrieb auch zu deprimierenden Erlebnissen werden. Der Wackersdorf-Stop und die Mittelstreckenraketen-Reduktion waren nicht zuletzt Triumphe wohlfahrtsstaatlicher Institutionen, des *État providence*, über die öffentliche Meinungsmoral. Diese fühlte sich denn auch gleich entwaffnet. Sie ließ sich der Inkompetenz des bloßen Meinunghabens überführen, indem sie dadurch demobilisiert wurde, daß Institutionen sich, reichlich spät, fähig zur Selbstkorrektur zeigten.

Die Intelligenzpresse, die die politische Ohnmacht der öffentlichen Meinungsmoral auf hohem Informationsniveau organisiert, kann die Meinungsvielfalt nur noch repräsentieren, ihr selber fällt an Meinung nichts ein. Sie kann die Meinungssegmente vorführen, sie ist aber weniger denn je der Ort für andere Thematisierungen des Politischen als die eingefahrenen. Nicht von ungefähr gleicht ihre innere Einteilung wie eh und je dem Ressortschema der Regierungsorganisation, und demnach auch der Sachverstand der Redakteure – gegen die tausendmal erlittene Einsicht, daß die vernünftige Behandlung fast jedes wichtigen Themas, ähnlich wie beim Staat selber, durch das Ressortschema blockiert wird. Die Aufspaltung und Fixierung der Öffentlichkeiten in die des Wirtschaftsteils, des Feuilletons, der Innenpolitik etc. ist angesichts der meisten wirklich interessanten Problemlagen überholt. Sie fördert nicht nur das orientierungslose Sparten-Bescheidwissen der Leser, sondern auch die professionellen Unlust- und Inkompetenzgefühle der Journalisten. Diese wehren sich dagegen mit Berufszynismus und blicken erst recht nach oben, an den staatlichen Institutionenhimmel. Dort müssen und wollen sie anerkannt werden, da sie ein interessiertes und forderndes Publikum schwer finden können.

Ähnlich wie die staatliche Bürokratie, die dem Aufkommen neuer Probleme erst einmal mit der Anstückelung neuer Referate und Unterabteilungen begegnet, reagiert auch die Intelligenzpresse auf zunehmende Komplexität am liebsten mit der bloßen Addition neuer Spezialitäten, in denen eine weitere Spezialöffentlichkeit von Experten-Referenten bedient wird. Vor allem DIE ZEIT und die FAZ haben im letzten Jahrzehnt ihre Erweiterung nach diesem bürokratischen Muster betrieben, das Klientel-Interessen einfängt, Bürger-Publikum aber auflöst.

In der Konsequenz ist die Intelligenzpresse heute zur reinen Journalistenpresse geworden. Auch hierin gleicht sie der selbstreferentiellen Logik der Luhmann'schen Bürokratie. Sie besteht aus Konglomeraten qualifizierter Fachjournalisten, die nach Ausbildung und nach Organisationskenntnis um einiges beschlagener sind als die meisten ihrer Vorgänger in den fünfziger oder sechziger Jahren. Ihr Karriere-Ehrgeiz geht weniger nach öffentlichem Ruhm als nach funktionalem Aufstieg. Aus diesen Intelligenzblättern ist die Figur des Publizisten verschwunden, der auf eigenes Risiko und in eigener Sprache die öffentliche Moral mit seinen

Vorurteilen belästigen darf. Walter Jens mag gelegentlich in der ZEIT den hohen Ton des republikanischen Geistes noch so trefflich anschlagen, in diesem Environnement wirkt er noch wie eine Attrappe aus dem Wachsfigurenkabinett bürgerlicher Öffentlichkeit.

Präsent sein können in der Intelligenzpresse auch prinzipiell nicht mehr Intellektuelle, soferne sie sich als solche verhalten und schreiben, also nicht als Fachleute. Gewiß besteht ein beträchtlicher Bedarf an Professionellen für öffentliche Moral, was eben einmal das Geschäft des Intellektuellen war. Heute wird es in der Intelligenzpresse ausgeübt von den akademischen Ethik-Experten mit jeweiligen Zusatz-Qualifikationen: Für AIDS-Moral, für Computer-Moral, für Kultursponsor-Moral etc.

Die nicht mehr gebrauchten Intellektuellen haben sich aus der Intelligenzpresse größtenteils zurückgezogen, ebenso wie sie sich aus dem deutschen politischen Unzustand entfernt haben und allenfalls achselzuckend daneben stehen. »Weil eine Meinung zu haben, die in einem Leitartikel schriftlich ausgearbeitet zu werden wünscht, vom fortschreitenden Zivilisationsprozeß als die armseligste Form der intellektuellen Produktion kenntlich gemacht wird ...« – mit diesem programmatischen Verdacht eröffnete Michael Rutschky 1988 im MERKUR eine Serie von pressephysiognomischen Monatsbetrachtungen, an denen neben anderen Reinhard Lettau, Urs Widmer, Ralf Dahrendorf, Martin Roda Becher teilhatten. Mehr oder weniger unwillig die Last der Kritik auf sich nehmend, verhielten sich diese Schriftsteller zumeist unwirsch oder gelangweilt gegenüber ihrer Lektüre von FAZ und SZ, von ZEIT, *taz* und *Spiegel.* (Bis zum Juni 1989 erschienen elf dieser Marginalien.) Kein leichter Wutanfall, auch nur eine schmerzliche Grimasse, und keinem unter den Kommentatoren fiel in seiner Intelligenzblatt-Lektüre Neues am deutschen Charakter auf oder gar an der politischen Sozialität, wie sie doch in dieser Presse-Öffentlichkeit aufscheint – durch ihre Abwesenheit. Der heiter-elegische H. M. E.-Klang über die Bedeutungslosigkeit der Kritik und den Wahn von politischer Öffentlichkeit allerwege.

Bei der Lektüre dieser Serie mußten sich MERKUR-Leser natürlich daran erinnern, daß Karl Heinz Bohrer seine Herausgeberschaft 1984 mit einer bösen und traurigen Milieu-Studie über die ›Ästhetik des Staates‹ eröffnet hatte, die er dann in einer ›politischen Typologie‹ mit einer Reihe von Politiker-Portraits verdeutlichte. Nicht wenige hatten damals das Versprechen herausgelesen, man werde auf diese Weise wenigstens dem symbolischen Gebrauch von Politik, der Mimetik des Polit-Betriebs auf der Spur bleiben können, wo sich schon die Materien selbst der Intellektuellen-Debatte entzogen hatten. In solchem Verfahren hätte immer noch ein Rest von Irrtumsmöglichkeit gesteckt und somit jener Rest von Risiko, das der Kritiker heute auch unter Aufbietung aller Finessen nicht mehr zu fassen bekommt.

Dem Verschwinden des Politischen an den zerfließenden Umrissen von Hauptdarstellern der politischen Klasse nachzutasten, war natürlich ein Versuch, der sich nicht fortsetzen ließ. Es hat ja seinen Grund, daß das Genre der literarischen Politiker-Karikatur, das sogar in den angelsächsischen Ländern verblaßt, nach einer kurzen und schwachen Nachkriegsblüte seit rund zwanzig Jahren eingegangen ist, zusammen mit den anderen rhetorischen Formen der öffentlichen Polemik. Es trifft schon daneben, wenn man feststellt, daß die Anwendung einer Kernobstmetapher auf einen Staatsmann nur pubertär wirken konnte, da doch der zu Treffende seine Machtrolle gerade dem Fehlen jeglicher Charakterlineatur verdanke. Es ist prinzipiell unmöglich geworden, den politischen Rollenträgern Persönlichkeitsprofile zu unterstellen, an denen Politiktypen abgelesen werden könnten. Politiker sind heute nicht mehr lächerlich zu machen, und unter der wohlfahrtsstaatlichen Organisationskumpelei kann Lächerlichkeit niemanden töten. Deswegen sind die satirischen Zeitschriften so öde und *démodé*. Sie sind nicht einmal mehr apolitisch. Daß sie auf Klaus Staeck als ihrem Parteisatiriker sitzengeblieben ist, spricht eher für die Zurückgebliebenheit der Sozialdemokratie.

Es lag nicht einfach an der Parole einer *self defeating strategy*, die Michael Rutschky ausgegeben hatte, daß die MERKUR-Intellektuellen stecken blieben. Sie kapitulierten, weil sie nicht nach dem Typ der Öffentlichkeit fragten, der zur Ästhetik des Wohlfahrtsstaates gehört. Daß im Leitartikel, von der *Süddeutschen* über die FAZ bis zur ZEIT, nicht mehr die Essenz des Intelligenzblattes enthalten ist, daß in der Meinungspresse überhaupt die Meinung fast nie etwas besagt, also Neues als neu betrachten kann – das wußte man übrigens schon länger. Rollengestanzt und auch angesichts der aufregendsten Neuigkeit voraussehbar, ist der Leitartikel allenfalls für die gegenseitige Beobachtung der Zeitungsmilieus unter sich von Interesse.

Das ungebrochene Vorherrschen des journalistischen Meinungsbeamtentums, das heute querbeet auf einen toleranten und liberal-verantwortlichen Grundton eingestimmt ist, wie ihn etwa die fünfziger und sechziger Jahre nicht kannten, wäre immerhin zu erklären. Denn die Intelligenzpresse, die in einer Welt der täglichen Explosionen und Abstürze aller Art an keinem Tag im Jahr eine überraschende Meinung entbindet, hat sich zu dieser Gleichförmigkeit doch angesichts eines Publikums entwickelt, das in seinen moralischen wie ästhetischen Ansprüchen von nie gesehener Vielgestaltigkeit sein soll. Dafür sprechen auch die mannigfachen Bedürfnisse und Formen des öffentlichen Engagements. Man müßte also erklären, warum der Vielfalt der Aspirationen und Meinungsbedürfnisse keine entsprechende Vielfalt der Öffentlichkeiten in der Intelligenzpresse entspricht.

Mit anderen Worten: Ist die nachpolitische Öffentlichkeit, die ihren Widerschein wenigstens partiell noch in den Intelligenzblättern finden müßte, nun so lebendig, wie behauptet wird, so neuerungssüchtig, mobil und kritisch? Oder ist dieses bewegte Gesellschaftstheater, auf dem sich selbst alte Institutionen und Bürokratien, angefangen bei den Kirchen, nicht selten als Bürgerinitiativen aufputzen, in Wirklichkeit so glattgeschliffen, erschöpft in seinen kulturellen Repetitionen und blockiert gegen jede Innovation, wie das die Intelligenzblätter in ihrer ausgelaugten und immergleichen Sprache vorführen?

Wer letzterem mit dem Hinweis, daß sich die nachpolitische Öffentlichkeit als Öffentlichkeitsersatz ohnehin in den elektronischen Medien vollziehe, zustimmen wollte, müßte immer noch eine Erklärung dafür finden, warum es eine Intelligenzpresse satten Umfangs und hoher Wertschätzung überhaupt noch gibt. Und wenn auch der westdeutsche Angebotsmarkt seit Jahrzehnten steril geblieben ist, so ist das im übrigen Westeuropa durchaus nicht so: *La Repubblica, El Paìs, The Independent, Libération* sind bemerkenswerte und erfolgreiche Neugründungen auf sehr unterschiedlichen Märkten mit unterschiedlichen *middle classes* und *upper middle classes*, aber gleichermaßen überschwemmt von den (teilweise schon deregulierten) elektronischen Medien. Warum also gleiches nicht hier? (Eine andere Frage ist, warum bei allen diesen linksliberalen Neugründungen, nachdem sie zuerst zur Hebung des Gesamtniveaus der Intelligenzpresse beigetragen haben, die mittlere Anpassungsdauer an den Durchschnitt der Informationsgesellschaft zwischen fünf bis acht Jahren liegt.)

Die Frage nach dem Publikum der Intelligenzblätter und nach den Märkten der Moralmeinung gerät am Ende immer wieder ins Geleise der Frage nach repräsentierter Politik: Warum bedarf es einer politischen Klasse und einer Macht/Meinungsorganisation in Parteien und nicht einfach nur einer Verwaltung? Denn jedermann weiß doch aus eigener Erfahrung, daß das sogenannte Politische in jedem Konflikt ebenso wie in seiner Regelung zu 90 Prozent durch die Verwaltungen bestimmt ist. Wenn Michael Rutschky den Meinungsleitartikel als die armseligste Form der intellektuellen Produktion verhöhnt, so hat er damit natürlich die Überflüssigkeit des Politischen, der alten bürgerlichen Öffentlichkeit im Sinn. Und das ist nicht so leicht als bloßer Defaitismus dieser zynisch, weil überflüssig gewordenen Intellektuellen abzuweisen.

Hätte man für all dies ein paar hinlänglich brauchbare Antworten, könnte man in solcher Schleife wieder zurückkommen auf die simple Frage: Bilden die Leser der Intelligenzblätter ein distinktes Publikum, eine Gesamtleser-Öffentlichkeit, deren Meinungsbewegungen für den Gang der Geschäfte, gar für den Wandel der Realverfassung von Bedeutung sind? (Zumindest von einer Bedeutung, die nur ein wenig dem gewaltigen Aufwand an Moralmeinung entspricht.) Gerade diejenigen, welche die Geschäfte in Gang halten, werden übrigens Nutzen und Einfluß der Intelligenzpresse häufig bezweifeln, und vermutlich sind viele gute Manager der wichtigsten Unternehmen und Bürokratien deswegen so gut, weil sie diese Presse nicht zur Kenntnis nehmen.

Um beim Vorletzten anzufangen: Daß die dauernd auf Trab gehaltene Meinungsöffentlichkeit, die in den Intelligenzblättern organisiert ist, eigentlich eine blockierte Öffentlichkeit ist, zeigt sich zuerst in der Unmöglichkeit, eine Debatte über die reale Unöffentlichkeit des Politischen in der Wohlfahrtsdemokratie zu eröffnen.

Die Blockierungen der Öffentlichkeit liegen allerdings bereits weit in den Vorbezirken des politischen Systems. Jede einigermaßen eingewachsene Institution genießt im Wohlfahrtsstaat einen prinzipiellen Schutz, der den Kern ihrer Funktionsregeln vor öffentlichen Zweifeln bewahrt. Eine so lange gelähmte Institution wie die Universität zum Beispiel, deren Disfunktionieren gewaltige Kosten verursacht, darf, wenn Karlsruhe einmal gesprochen hat, nicht zur Disposition gestellt werden. Über die gewaltigen Kosten wird breithin geklagt: Die im Studium angelegten Berufsdeformationen, die undurchschaute Selektion durch das Prüfungswesen, die Verunstaltung des Wissenschaftlichen durch die universitären Usancen und Privilegien, die durch Wissenschaft hergestellte Wissenschaftsallergie – all das kann um nichts in der Welt als ein Schadenssyndrom diskutiert werden, wenn in der Konsequenz damit zugleich die deutsche Beamtenuniversität mit ihren Verfassungsgarantien in Frage gestellt würde. So verhält sich dann auch die Intelligenzpresse. Das Elend der deutschen Universität hat sich seit fünfundzwanzig Jahren eher verschärft, aber die Kolumnenmenge, die man ihm einräumt, hat sich seit zehn Jahren auf ein Drittel reduziert und die einschlägigen Redakteure suchen ihr Themenbrot anderswo.

Was für die Institution Universität gilt, gilt für das System der Gesundheitsdienste, die Organisation der Gewerkschaften, die Staatsoper, die Sozialhilfe und vor allem den Kern des Staates als eines Beamtenwesens. Was Institution ist, ist in Deutschland a priori nützlich und kann nicht hinweggedacht, auch nur in der Struktur verändert werden. Als in den späten sechziger Jahren die damals (mit-)regierende Partei des öffentlichen Dienstes an allervorsichtigste manageriale Reformen das öffentlichen Dienstrechts dachte, bekam sie gleich etwas auf die Finger, so daß sie auch noch in den Neunzigern nicht mehr an die Beamtennatur des Staates rühren wird. Solange dieser Institutionenkonsens hält, und er ist heute weniger antastbar als in den fünfziger Jahren, solange bleibt die deutsche Öffentlichkeit eine blockierte.

Dagegen wird seit einigen Jahren die zivile Gesellschaft als eine genuin politische beschworen, nicht nur in der Bundesrepublik, sondern vor allem auch in Frankreich und in England. Angesichts der Zähigkeit der wohlfahrtsstaatlichen Institutionendecke kann freilich der alte Aufklärungsbegriff heute nicht viel mehr sein als ein Kampfbegriff, jedenfalls keine Zustandsbeschreibung einer irgend realen Gesellschaft gegen die Institutionen und gegen die institutionalisierte Politik, schließlich die politische Klasse. Immerhin, daß die Idee der zivilen Gesellschaft wieder aufkommen konnte und daß sie als intellektuelles Schneidewerkzeug auch Wirkung hat, deutet darauf hin, daß sich im institutionellen Unterbau wie im Überbau des Wohlfahrtsstaates etwas rührt.

Das betrifft nicht nur das Kosten-Nutzen-Verhältnis von Steuerlast und Wohlfahrtsoutput, sondern das Funktionieren der Institutionen selbst. Im verallgemeinerten Sozialwesen kann es immer weniger institutionenspezifische Berufsmoralen geben: Der manageriale Sozialsinn etwa eines Großkrankenhauses unterscheidet sich kaum mehr von der Müllabfuhr.

Zudem verlieren alle wohlfahrtsstaatlichen Institutionen an jener *Ein*sinnigkeit, die ihr Entstehen prägte: Die Polizei betreibt auch Sozialtherapie; die Pläne für die Universitätsklinik richten sich nach dem Arbeitsmarkt in der lokalen Bauindustrie; das Arbeitsamt betreibt Bildungspolitik. In diese multifunktionale Servicerolle schlittern die wohlfahrtsstaatlichen Institute hinein – die Logik jeder einzelnen Behörde oder Regelung gerät ins Schleudern, während sich alle Korporationen im Konzert mit der Mehrheit der organisierten Interessengruppen gegenseitig stützen.

Wenn der soziale Sinn der Institutionen mehrdeutig wird, können sie jene Sicherheit nicht mehr garantieren, der ihren Zwang rechtfertigte. Das nagt an ihrer Legitimität, und der Protest wird zivil. In der Öffentlichkeit, die von der Intelligenzpresse repräsentiert wird, wird diese Drift nicht einmal als Thema auffällig.

Da im deutschen politischen Unzustand die Zustimmung der Deutschen zur Welt der Institutionen, die allein noch den Staat ausmachen, so tief unter der Haut sitzt, lohnt dann auch die Kritik am Parteienstaat, einem Epiphänomen, nur mäßig. Das ist etwas für Loccumer und Römerbergliche Gespräche und Leute, die das politische Personalbüro kaum je betreten haben. Aber man mag sich eigentlich an dem öffentlichen Kummer über das Parteiensystem nicht mehr beteiligen. Und wer ein wenig auf sich hält, will den breiten Applaus nicht genießen, den jede Attacke auf die Mediokrität des politischen Personals, auf den Parteienopportunismus und die grassierende Bestechlichkeit erntet. In der Wohlfahrtsdemokratie besteht nämlich die Bildung öffentlicher Meinung zum guten Teil darin, daß die Bürger lustvoll und konsequenzenlos Ohnmachtsbekundungen austauschen, vor allem mit Unterstützung der Intelligenzpresse. Man sollte das nicht auch noch unterstützen: Aus Selbsterhaltungstrieb ebenso wie aus Gemeinsinn. Mit der Kundgabe der eigenen Ohnmacht, mag sie schon erleichternd wirken, würde nur die kollektive Ohnmacht befördert.

Für Intellektuelle ist die Kritik am Parteienstaat noch aus einem anderen Grund eine brotlose Angelegenheit. Denn zur Kritik – am Funktionieren – der öffentlichen Einrichtungen sind hierzulande, und das ist der Unterschied zu den älteren Demokratien, nur die ausgewiesenen Berufsmenschen zugelassen. Das hat seine Gründe von lange her. In keinem anderen Land hängt ja der praktische Lebensanstand, der die Menschen in ihrer Personenwürde aufrechterhält und zusammenklammert, so sehr an Berufsrolle und Berufsmoral. Erfahrung und Fähigkeit, mit der Welt halbwegs zivilisiert und zugleich selbstbewußt umzugehen, hängen bei den Deutschen nach wie vor ganz in der Berufskleidung. Wo sie privat sein sollen, jenseits ihrer Werkbänke und Büros, sind sie als soziale Wesen zumeist verkrüppelt. Daher die geradezu pathologische Bedeutung der Freizeit, deren überreiches Vorhandensein das Unglück des Privatseinmüssens und die zivile Charakterlosigkeit des halbierten Bürgers befördert – wie sich schön am Ladenschluß-Konflikt demonstrieren ließe.

Diese deutsche Kondition tritt seit den 80er Jahren wieder deutlicher hervor, und als kurzatmig haben sich die emanzipationsseligen Thesen von den postmaterialistischen Werten und vom Ende der Arbeitsgesellschaft erwiesen. Da die Fähigkeit zum Menschentum bei den Bundesdeutschen ebenso wie bei ihren Vorfahren an die qualifizierte Arbeit gebunden ist, da ihre wahre Sozialität die berufliche ist, kann auch nur der durch Beruf Verantwortliche verantwortlich zur öffentlichen Meinung beitragen. Die Öffentlichkeit der Verantwortlichen ist so geschlossen wie eh und je.

Warum aber hier das penetrante Beharren auf der Bedeutung der Intellektuellen, als notwendigem Salz für die Eliten? Ist ihr Verschwinden aus den öffentlich verhandelten Themen und aus den Intelligenzblättern des großen Aufhebens überhaupt wert? In Amerika waren sie doch, was leitende Ideen, politische Sprache und Elite-Presse angeht, immer *quantité négligeable*. Und auch im politischen Lebens Englands spielen sie, nicht erst seit der Ära

Thatcher, kaum eine Rolle. Sollte man sich nicht auch für die Bundesrepublik mit einem amerikanischen Zustand zufriedengeben, also einer politischen Öffentlichkeit ohne Intellektuelle und ihre Ansprüche, die letzten Endes doch nur stören können bei der Suche nach vernünftigen Einrichtungen für ein ehrbar zu führendes Leben der Bürger?

In der Tat, ebenso, wie man jetzt in Frankreich erklären kann: ›Die Revolution ist beendet‹, um die Lust am Staat zu reduzieren, könnte man mit einigen guten Gründen bei uns der Rolle des Intellektuellen den Abschied geben. Daß es nicht um die Figuren ging, sondern um ihre Funktion, ist ohnehin klar. Für die Entdekkung oder die Schärfung bestimmter Themen – siehe das der ersten Zeilen in dieser Nachrede – waren eben nur Außenseiter wie Intellektuelle zu haben – und zu brauchen. Und zur Kontrolle der politischen Sprache in einer nie ganz bürgerlich gewordenen deutschen Öffentlichkeit waren sie für einige Zeit unentbehrlich. Das *Wörterbuch des Unmenschen*, eine der demokratischen Gründungsschriften, hätte von deutschen Geistlichen und deutschen Professoren nie geschrieben werden können. Nunmehr aber ist die wohlfahrtsstaatliche Kultur so weit fortgeschritten, daß für Sprachkritik als eine öffentliche Sache weder Notwendigkeit noch Chance besteht. Ein Magerbrot, das in den Feuilletons gerade noch für die Volontäre gut ist, ebenso wie es jenseits der germanistischen Seminare wieder als kleinlich gilt, immer noch einmal Karl Kraus zu zitieren.

Bleibt immer noch die Frage, warum die deutsche Intelligenzpresse und ihre Meinungsbildung so anhaltend gleichförmig und einfallslos sind, und ob das notwendig so bleiben muß. Oder andersherum: Wer auf die Intelligenzblätter angewiesen ist, kann unter ihnen nur leiden – und wird zum Trost wie zur Orientierung in der Welt zusätzlich zu Produkten in anderen Kultursprachen greifen. Wie aber sähe das deutsche Intelligenzblatt aus, das er sich heimlich wünscht? In einem wären sich die Intelligenzblatt-Leser jeglicher couleur gewiß einig: Am Anfang das Streiflicht der *Süddeutschen*, am Ende die Sportseite der FAZ. Die Leere dazwischen wäre zu füllen.

Literaturhinweis

Leo Brawand: *Die Spiegel-Story – wie alles anfing*, Düsseldorf 1987

Copy, Magazin für Medien, Kommunikation und Kreation, Heft 19/1988

Hans Magnus Enzensberger: *Einzelheiten*, Frankfurt am Main 1962

Hermannus Pfeiffer (Hrsg.): *Die FAZ – Nachforschungen über ein Zentralorgan*, Köln 1988

Cordt Schnibben: *Neues Deutschland – Seltsame Berichte aus der Welt der Bundesbürger*, Hamburg 1988

Die taz - das Buch (hrsg. von Matthias Bröckers), Frankfurt am Main 1989

Michael Wolf Thomas (Hrsg.): *Porträts der deutschen Presse*, Berlin 1980

Oliver Tolmein/Detlef zum Winkel: *tazSachen – Krallen zeigen, Pfötchen geben, Hamburg 1989*

Über den Autor

Claus Koch, geb. 1929 in München, war in den 60er Jahren Redakteur der Zeitschrift *Atomzeitalter*, in den 70ern der sozialwissenschaftlichen Vierteljahresschrift *Leviathan*. Er lebt als freier Journalist in Berlin.

ROTBUCH TASCHENBUCH

Freimut Wössner
Menschen, Tiere, Schrankwände
96 Seiten, DM 12

Franca Rame/Dario Fo
Nur Kinder, Küche, Kirche
Neuausgabe
144 Seiten, ca. DM 12

Dario Fo
Mama hat den besten Shit
Neuausgabe
96 Seiten, ca. DM 14

Christian Geissler
Wird Zeit, daß wir leben
Roman, Neuausgabe
240 Seiten, ca. DM 14